현석샘과 새벽달이 함께하는

낭독하는 명연설문

BOOK·4

이현석·새벽달(남수진) 지음

차 례

SPEECH 1 7

**Beyoncé's Speech
at "Dear Class of 2020" Event, 2020**

비욘세 "디어 클래스 오브 2020" 졸업식 축사, 2020

SPEECH 2 43

**Satya Nadella's Speech
at "Microsoft EDU" Event, 2017**

사티아 나델라 "마이크로소프트 에듀" 행사 기조연설, 2017

SPEECH 3 79

**Denzel Washington's Speech
at University of Pennsylvania, 2011**

덴절 워싱턴 펜실베이니아 대학교 졸업식 축사, 2011

 SPEECH 4   115

**Natalie Portman's Speech
at Harvard University, 2015**

내털리 포트먼 하버드 대학교 졸업식 축사, 2015

 SPEECH 5   151

**Ellen DeGeneres' Speech
at Tulane University, 2009**

엘런 디제너러스 툴레인 대학교 졸업식 축사, 2009

SPEECH 6   187

**Jensen Huang's Speech
at Caltech, 2024**

젠슨 황 캘리포니아 공과 대학교 졸업식 축사, 2024

 QR 코드를 인식하여 이현석, 새벽달 선생님이 직접 설명하는 책 소개 및 활용법 영상을 확인해 보세요!

이 책은 이렇게 만들었어요!

1

QR 코드를 인식하여 **연설 영상**을 시청해 보세요.

교훈과 영향력을 중심으로 선별한 **6편의 명연설문**을 수록했습니다.

연설가 **소개**와 연설의 **핵심 메시지**를 먼저 읽어 보세요.

2

각 연설문의 주요 내용을 **8개의 파트**로 나누어 수록했습니다.

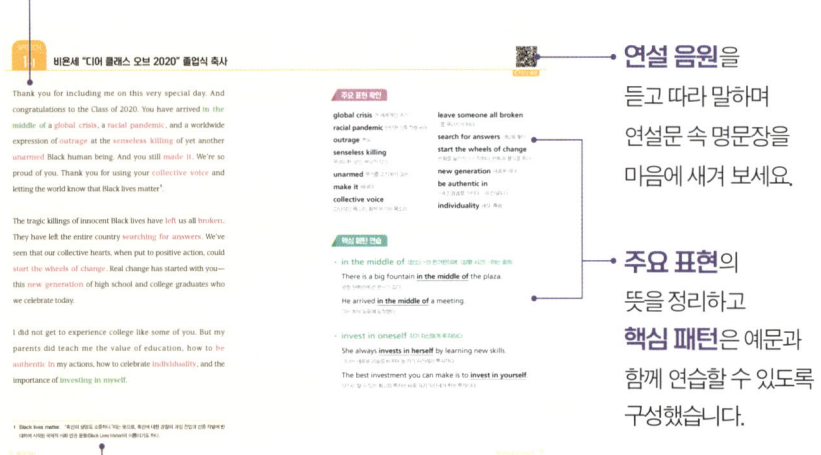

연설 음원을 듣고 따라 말하며 연설문 속 명문장을 마음에 새겨 보세요.

주요 표현의 뜻을 정리하고 **핵심 패턴**은 예문과 함께 연습할 수 있도록 구성했습니다.

각주를 참고하면 연설문의 내용을 더 깊이 이해할 수 있습니다.

3 이현석 선생님의 **강세와 청킹 가이드**에 맞춰 더욱 유창하게 낭독해 보세요.

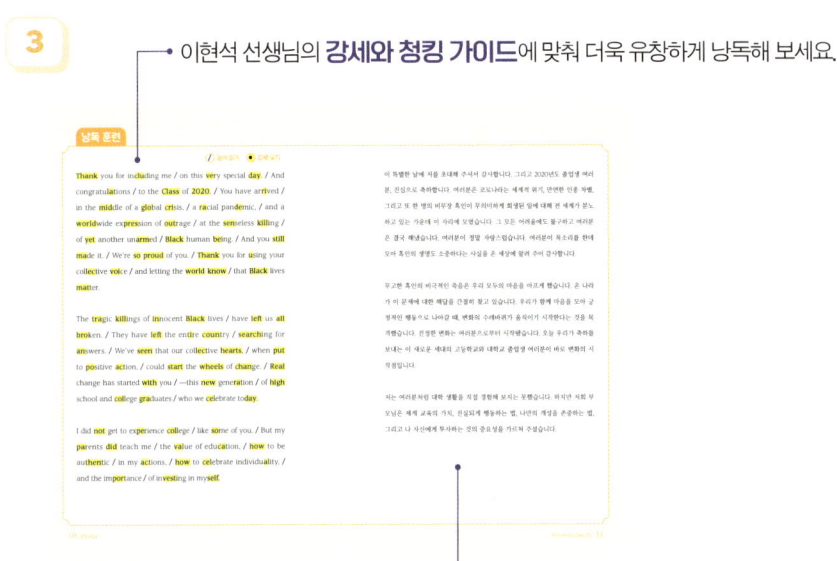

연설문의 번역도 확인해 보세요! **한국어 낭독**을 하는 것도 좋습니다.

4 한국어와 영어로 **요약된 연설문**을 참고하여 내용을 다시 한번 정리해 보세요.

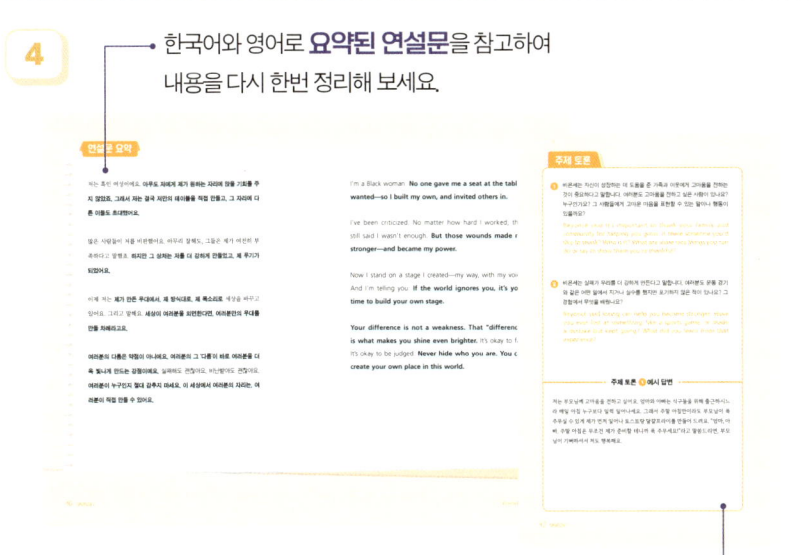

연설문과 관련된 **토론 주제**가 정리되어 있습니다.
다른 사람과 의견을 주고받거나, 연설문의 내용을 확장해서 생각해 보세요.

SPEECH 1

Beyoncé's Speech at "Dear Class of 2020" Event, 2020

비욘세 "디어 클래스 오브 2020" 졸업식 축사, 2020

비욘세(Beyoncé)는 세계적인 가수 겸 사업가로, 미국 대중음악계 최고의 영예인 그래미(Grammy)상을 역대 최다 수상하였다.

유튜브가 주최한 온라인 졸업식 "디어 클래스 오브 2020(Dear Class of 2020)"에서 그녀는 다양성을 존중하고 스스로를 신뢰하며, 자신만의 무대를 만들어 세상을 바꾸는 주체가 되라고 조언했다. 또한, 주변의 비난을 동력 삼아 '아름답고 강한 존재'로 거듭나라며 미래의 리더가 될 젊은 세대에게 희망과 용기를 불어넣었다.

비욘세 "디어 클래스 오브 2020" 졸업식 축사

Thank you for including me on this very special day. And congratulations to the Class of 2020. You have arrived **in the middle of** a **global crisis**, a **racial pandemic**, and a worldwide expression of **outrage** at the **senseless killing** of yet another **unarmed** Black human being. And you still **made it**. We're so proud of you. Thank you for using your **collective voice** and letting the world know that Black lives matter[1].

The tragic killings of innocent Black lives have **left** us all **broken**. They have left the entire country **searching for answers**. We've seen that our collective hearts, when put to positive action, could **start the wheels of change**. Real change has started with you— this **new generation** of high school and college graduates who we celebrate today.

I did not get to experience college like some of you. But my parents did teach me the value of education, how to **be authentic in** my actions, how to celebrate **individuality**, and the importance of **investing in myself**.

---

1 Black lives matter. "흑인의 생명도 소중하다."라는 뜻으로, 흑인에 대한 경찰의 과잉 진압과 인종 차별에 반대하며 시작된 국제적 사회·인권 운동(Black Lives Matter)의 이름이기도 하다.

주요 표현 확인

global crisis 전 세계적인 위기
racial pandemic 만연한 인종 차별 사태
outrage 분노
senseless killing 무의미한 살인, 부당한 살인
unarmed 무기를 소지하지 않은
make it 해내다
collective voice 집단적인 목소리, 함께 외치는 목소리

leave someone all broken ~를 무너지게 하다
search for answers 해답을 찾다
start the wheels of change 변화를 일으키기 시작하다, 변화의 물꼬를 트다
new generation 새로운 세대
be authentic in ~에 진정성을 가지다, ~에 진실되다
individuality 개성, 특성

핵심 패턴 연습

- **in the middle of** (장소) ~의 한가운데에, (상황·시간) ~하는 중에

    There is a big fountain **in the middle of** the plaza.
    광장 한복판에 큰 분수가 있다.

    He arrived **in the middle of** a meeting.
    그는 회의 도중에 도착했다.

- **invest in oneself** 자기 자신에게 투자하다

    She always **invests in herself** by learning new skills.
    그녀는 새로운 기술을 배우며 늘 자기 자신에게 투자한다.

    The best investment you can make is to **invest in yourself**.
    당신이 할 수 있는 최고의 투자는 바로 자기 자신에게 하는 투자이다.

낭독 훈련

/ 끊어 읽기   ● 강세 넣기

Thank you for including me / on this very special day. / And congratulations / to the Class of 2020. / You have arrived / in the middle of a global crisis, / a racial pandemic, / and a worldwide expression of outrage / at the senseless killing / of yet another unarmed / Black human being. / And you still made it. / We're so proud of you. / Thank you for using your collective voice / and letting the world know / that Black lives matter.

The tragic killings of innocent Black lives / have left us all broken. / They have left the entire country / searching for answers. / We've seen that our collective hearts, / when put to positive action, / could start the wheels of change. / Real change has started with you / —this new generation / of high school and college graduates / who we celebrate today.

I did not get to experience college / like some of you. / But my parents did teach me / the value of education, / how to be authentic / in my actions, / how to celebrate individuality, / and the importance / of investing in myself.

이 특별한 날에 저를 초대해 주셔서 감사합니다. 그리고 2020년도 졸업생 여러분, 진심으로 축하합니다. 여러분은 코로나라는 세계적 위기, 만연한 인종 차별, 그리고 또 한 명의 비무장 흑인이 무의미하게 희생된 일에 대해 전 세계가 분노하고 있는 가운데 이 자리에 모였습니다. 그 모든 어려움에도 불구하고 여러분은 결국 해냈습니다. 여러분이 정말 자랑스럽습니다. 여러분이 목소리를 한데 모아 흑인의 생명도 소중하다는 사실을 온 세상에 알려 주어 감사합니다.

무고한 흑인의 비극적인 죽음은 우리 모두의 마음을 아프게 했습니다. 온 나라가 이 문제에 대한 해답을 간절히 찾고 있습니다. 우리가 함께 마음을 모아 긍정적인 행동으로 나아갈 때, 변화의 수레바퀴가 움직이기 시작한다는 것을 목격했습니다. 진정한 변화는 여러분으로부터 시작됐습니다. 오늘 우리가 축하를 보내는 이 새로운 세대의 고등학교와 대학교 졸업생 여러분이 바로 변화의 시작점입니다.

저는 여러분처럼 대학 생활을 직접 경험해 보지는 못했습니다. 하지만 저희 부모님은 제게 교육의 가치, 진실되게 행동하는 법, 나만의 개성을 존중하는 법, 그리고 나 자신에게 투자하는 것의 중요성을 가르쳐 주셨습니다.

SPEECH 1-2 비욘세 "디어 클래스 오브 2020" 졸업식 축사

Dear graduates, please remember to **take a little bit of time to give thanks to** your family members, and the community that has been such a big **support system** for you. You are achieving things your parents and grandparents never could have imagined **for themselves**. You are the answer to **a generation of** prayers.

Now, some of you might be the first in your family to graduate from college. Maybe you did not **follow the path** that was expected of you, and you probably questioned everything about your decision. But know that **stepping out** is the best thing you can do for **self-discovery**. I know how hard it is to **step out** and **bet on** yourself.

There was a **pivotal turning point** in my life when I chose to build my own company many years ago. I had to trust that I was ready, and that my parents and mentors had provided me with the tools I needed to be successful. But that was terrifying.

주요 표현 확인

take a little bit of time to 잠시 시간을 내어 ~하다
give thanks to ~에게 감사를 전하다
support system 지원 시스템
for oneself 혼자 힘으로, 자신을 위해
a generation of 한 세대의 ~

step out (용기를 내어) ~에서 나가다, 도전하다
self-discovery 자아 발견
bet on ~에 걸다, ~을 믿다
pivotal 중요한, 중추적인

핵심 패턴 연습

- **follow the path** 주어진 경로를 따라가다

    If you **follow the path**, you will reach the waterfall.
    주어진 경로를 따라가다 보면, 폭포에 도착할 것이다.

    She refused to **follow the path** that her parents had planned.
    그녀는 부모님이 계획해 둔 길을 따르지 않았다.

- **turning point** 전환점, 분수령

    Studying abroad was a **turning point** in my life.
    유학을 다녀온 것이 내 인생의 전환점이 되었다.

    The invention of the internet was a **turning point** in human history.
    인터넷의 발명은 인류의 역사를 바꾸는 분수령이 되었다.

낭독 훈련

/ 끊어 읽기   ● 강세 넣기

Dear graduates, / please remember to take a little bit of time / to give thanks to your family members, / and the community / that has been such a big support system for you. / You are achieving things / your parents and grandparents / never could have imagined for themselves. / You are the answer / to a generation of prayers.

Now, some of you / might be the first in your family / to graduate from college. / Maybe you did not follow the path / that was expected of you, / and you probably questioned / everything about your decision. / But know that stepping out / is the best thing you can do / for self-discovery. / I know how hard it is / to step out and bet on yourself.

There was a pivotal turning point in my life / when I chose to build my own company / many years ago. / I had to trust that I was ready, / and that my parents and mentors / had provided me with the tools I needed / to be successful. / But that was terrifying.

친애하는 졸업생 여러분, 잠시 시간을 내어 여러분을 응원해 준 가족과 공동체에 감사의 마음을 전하세요. 여러분은 부모님과 조부모님 세대가 감히 상상도 못 했던 일을 이루어 내고 있습니다. 여러분은 그분들의 오랜 기도에 대한 응답이자 희망입니다.

어쩌면, 여러분 중 몇몇은 가족 중에서 처음으로 대학을 졸업하는 사람일 수도 있습니다. 어쩌면 주변의 기대와는 다른 길을 선택했을 수도 있고요. 그래서 자신의 선택이 옳았는지 수없이 의심할 수도 있습니다. 하지만 기억하세요. 용기를 내서 걸음을 내딛는 것이 진정한 자신을 발견하는 최고의 방법이라는 걸요. 자기 자신을 믿고 새로운 길에 도전하는 일이 얼마나 어려운지 잘 압니다.

제 인생에도 중요한 전환점이 있었습니다. 수년 전, 제 회사를 직접 세우기로 결심했을 때 말입니다. 저는 제가 준비되어 있다고 믿어야 했고, 부모님과 멘토들이 성공에 필요한 도구를 이미 제게 주었다고 믿어야 했습니다. 하지만 그건 정말 두려운 일이었습니다.

비욘세 "디어 클래스 오브 2020" 졸업식 축사

The entertainment business is still very sexist. It's still very **male-dominated**. And as a woman, I did not see enough female **role models being given the opportunity to** do what I knew I had to do: to **run my label** and **manage my company**. That meant ownership. **Owning my masters**. Owning my art. Owning my future, and **writing my own story**.

Not enough Black women **had a seat at the table**, so I had to go and chop down that wood and **build my own table**. Then I had to invite the best there was to have a seat. That meant hiring women, men, outsiders, **underdogs**—people who were overlooked and waiting to be seen.

Many of the best creatives and business people, although they were **supremely** qualified and talented, were **turned down** over and over as executives at major corporations because they were female or because of **racial disparity**. And I've been very proud to provide them with a place at my table.

주요 표현 확인

male-dominated
남성 주도의, 남성 우위의

role model 본보기, 롤모델

run one's label
~의 음반사[레이블]를 운영하다

manage one's company
~의 회사를 관리[운영]하다

own one's masters
자신의 원본 음반[음원]에 대한 권리를 갖다

write one's own story
자신의 이야기를 직접 쓰다, 자신의 삶을 주도적으로 살다

build one's own table
자신의 자리를 직접 만들다

underdog 약자, 약체

supremely 극도로, 지극히

turn down 거절하다

racial disparity 인종 차별로 인한 간극

핵심 패턴 연습

- **be given the opportunity to**
  ~할 기회가 주어지다, ~할 기회를 부여받다

  I **was given the opportunity to** apply for a scholarship.
  장학금에 지원할 기회가 주어졌다.

  Finally, he **was given the opportunity to** prove himself.
  그는 마침내 자신을 증명할 기회를 얻었다.

- **have a seat at the table**
  [결정권 또는 영향력을 행사하는] 자리에 앉다, 자격을 갖다

  More women now **have a seat at the table** in corporate decision-making.
  이제 더 많은 여성들이 기업의 의사결정권자로 자리하고 있다.

  Having a seat at the table means taking responsibility for the outcomes.
  결정권을 갖는다는 것은 그 결과에 대한 책임도 진다는 것을 의미한다.

낭독 훈련

/ 끊어읽기   ● 강세넣기

The entertainment business / is still very sexist. / It's still very male-dominated. / And as a woman, / I did not see enough female role models / being given the opportunity / to do what I knew I had to do: / to run my label / and manage my company. / That meant ownership. / Owning my masters. / Owning my art. / Owning my future, / and writing my own story.

Not enough Black women / had a seat at the table, / so I had to go and chop down that wood / and build my own table. / Then / I had to invite the best there was / to have a seat. / That meant hiring women, / men, / outsiders, / underdogs / —people who were overlooked / and waiting to be seen.

Many of the best creatives / and business people, / although they were supremely qualified and talented, / were turned down over and over / as executives at major corporations / because they were female / or because of racial disparity. / And I've been very proud to provide them / with a place at my table.

엔터테인먼트 업계는 여전히 성차별이 심하고, 매우 남성 중심적입니다. 여성인 저는, '제가 해야 한다고 믿었던 일'을 해내는 여성 롤모델을 거의 찾아볼 수 없었습니다. 그 일은 바로 저만의 레이블을 운영하고, 회사를 직접 경영하는 것이었죠. 그건 곧 '소유권'을 뜻했습니다. 제 음악의 원본을 소유하는 것. 제 예술을 소유하는 것. 제 미래를 소유하고, 제 이야기를 직접 써 내려가는 것이었습니다.

흑인 여성들에게 자리를 내어 주는 테이블 자체가 턱없이 부족했어요. 그래서 저는 직접 나무를 베어다 제 손으로 테이블을 만들 수밖에 없었습니다. 그리고 그 테이블에 앉을 만한 최고의 인재들을 제가 직접 초대했습니다. 그건 여성이든, 남성이든, 아웃사이더이든, 늘 뒷전으로 밀렸던 사람들이든, 세상의 주목을 받지는 못했지만 기회를 기다리고 있던 사람들을 고용했다는 뜻입니다.

뛰어난 창작자들과 사업가들 중 많은 이들이, 탁월한 능력과 자격을 갖추었음에도 불구하고 여성이라는 이유로, 혹은 인종이 다르다는 이유로 대기업의 임원 자리를 계속 거절당해 왔습니다. 저는 그런 분들께 자리를 마련해 드릴 수 있었던 것을 정말 자랑스럽게 생각합니다.

SPEECH 1-4 비욘세 "디어 클래스 오브 2020" 졸업식 축사

One of the main purposes of my art for many years has been to **show the beauty of** Black people to the world—our history, our **profundity**, and the value of Black lives. I've tried my best to **pull down the veil of** appeasement[1] to those who may **feel uncomfortable with** our excellence.

To the young women, our future leaders, know that you're about to **make the world turn**. I see you. You are everything the world needs. Make those **power moves**. Be excellent. And to the young kings, **lean into** your **vulnerability** and redefine **masculinity**. **Lead with heart**.

There are so many different ways to be brilliant. I believe that every human being is born with a masterful **gift**. Don't let the world make you feel that you have to **look a certain way** to be brilliant. And no, you don't have to **speak a certain way** to be brilliant. But you do have to spread your **gift** around the planet in a way that is authentically you.

---

1 **appeasement** 갈등이나 전쟁을 피하기 위해 상대의 요구를 수용하거나 양보하는 유화적인 행위 또는 정책. 이 연설에서는 타인의 시선이나 편견 때문에 자신의 진실된 모습을 감추고 스스로를 위축시키는 소극적인 태도를 의미한다.

주요 표현 확인

one of the main purposes of
~의 주요 목적 중 하나

show the beauty of
~의 아름다움을 보여 주다

profundity
깊이, 심오함

pull down the veil of
~의 베일을 벗기다, ~의 장막을 걷어 내다

feel uncomfortable with
~에 불편함을 느끼다

make the world turn
세상을 움직이다

power move
영향력 있는 행동, 큰 결정

vulnerability 약함, 취약성

masculinity 남성성

lead with heart 마음으로 이끌다

gift 선천적 재능

speak a certain way
특정한 말투[억양]로 말하다

핵심 패턴 연습

- **lean into** (적극적으로) ~을 받아들이다

    Instead of avoiding your fear, **lean into** it.
    두려움을 피하지 말고 받아들여 보세요.

    Companies should **lean into** change and embrace new technologies.
    기업들은 변화를 적극 받아들이고 새로운 기술을 수용해야 한다.

- **look a certain way** 특정한 외모[모습]로 보이다

    You don't have to **look a certain way** to be beautiful.
    아름다워지기 위해 꼭 어떤 외모를 가져야 할 필요는 없다.

    Everyone feels pressure to **look a certain way** on social media.
    모든 사람들이 SNS상에서는 특정한 모습으로 보여야 한다는 압박을 느낀다.

One of the main purposes / of my art for many years / has been to show the beauty of Black people / to the world / —our history, / our profundity, / and the value of Black lives. / I've tried my best / to pull down the veil of appeasement / to those who may feel uncomfortable / with our excellence.

To the young women, / our future leaders, / know that you're about to make the world turn. / I see you. / You are everything the world needs. / Make those power moves. / Be excellent. / And to the young kings, / lean into your vulnerability / and redefine masculinity. / Lead with heart.

There are so many different ways / to be brilliant. / I believe that every human being / is born with a masterful gift. / Don't let the world make you feel that / you have to look a certain way / to be brilliant. / And no, / you don't have to speak a certain way / to be brilliant. / But you do have to spread your gift / around the planet / in a way that is authentically you.

오랜 시간 제가 예술을 해 온 가장 큰 이유 중 하나는 흑인의 아름다움을 세상에 보여 주고 싶었기 때문입니다. 우리의 역사, 우리의 깊이, 그리고 흑인의 삶이 지닌 소중한 가치를 알려 주고 싶었습니다. 저는 흑인들의 탁월함을 불편해하는 사람들에게 맞춰 주려던 유화적인 태도를 벗어던지고, 흑인의 진짜 모습과 아름다움을 있는 그대로 보여 주기 위해 최선을 다해 왔습니다.

미래의 리더가 될 젊은 여성 여러분, 여러분은 이 세상을 움직일 존재들입니다. 저는 여러분을 분명히 보고 있습니다. 여러분이야말로 이 세상이 필요로 하는 모든 것입니다. 그 영향력을 발휘하세요. 탁월해지세요. 그리고 젊은 왕들에게 드릴 말씀은, 여러분 안의 연약함을 외면하지 말고 받아들이세요. 진정한 남성다움이 무엇인지, 여러분의 방식으로 다시 써 나가세요. 마음으로 이끌어 가는 리더가 되세요.

탁월해지는 방법에는 정말 여러 가지가 있습니다. 저는 모든 인간이 위대한 재능을 지니고 태어난다고 믿습니다. '뛰어나기 위해서는 꼭 어떠한 모습이 되어야 해'라고 느끼게 만드는 세상의 소리에 휘둘리지 마세요. 뛰어나기 위해 특정한 방식으로 말할 필요도 없어요. 그저 자신만의 방식으로, 여러분답게 그 재능을 세상에 널리 펼쳐 보이면 됩니다.

SPEECH 1-5   비욘세 "디어 클래스 오브 2020" 졸업식 축사

To all those who **feel different**: if you're part of a group called "other," a group that does not **get the chance to be center stage**, build your own stage and make them see you. Your **queerness** is beautiful. Your blackness, your compassion, your understanding, **your fight for** people who may **be different from** you—all of it is beautiful. I hope you continue to **go into the world** and show them that you will never stop being yourself. It's your time now—make them see you.

If you've ever been called dumb, unattractive, overweight, unworthy, untalented—so have I. Whatever you do, don't let the negativity of people **projecting their own self-doubts onto** you **deter** you **from** your focus. I know those moments are painful. It **hurts like hell**. But **now is the time to turn** those criticisms **into** fuel and motivation to become a beautiful beast.

Respect is everything. There's no successful relationship or a successful movement if the basic principle is not respect. The world will respect you as much as you respect yourself.

주요 표현 확인

feel different
다르게 느끼다, 소외감을 느끼다

be center stage
주목받는 자리에 서다, 중심 무대에 서다

queerness
기묘함, (특수하게) 성소수자로서의 정체성

one's fight for ~의 …을 위한 투쟁

be different from ~와 다르다

go into the world
세상으로[사회로] 나아가다

project one's self-doubt onto someone
자기 자신에 대한 의심을 ~에게 투사하다

hurt like hell 끔찍하게 아프다

now is the time to
지금이 바로 ~할 적기이다

turn something into something ~을 …으로 바꾸다

핵심 패턴 연습

- **get the chance to** ~할 기회를 얻다

    He **got the chance to** study abroad for a year.
    그는 1년간 유학할 기회를 얻었다.

    Not every student **gets the chance to** receive a high-quality education.
    모든 학생이 수준 높은 교육을 받을 수 있는 기회를 갖는 것은 아니다.

- **deter someone from** ~가 …하지 못하게 방해하다

    High prices often **deter** people **from** buying healthy food.
    비싼 가격 때문에 사람들은 종종 건강한 음식을 사는 것을 포기한다.

    Fear of failure can **deter** people **from** trying new things.
    실패에 대한 두려움은 사람들이 새로운 것을 시도하지 못하게 막을 수 있다.

낭독 훈련

/ 끊어 읽기   ● 강세 넣기

To **all** those who **feel di**fferent: / if you're **part** of a **group** called "**o**ther," / a **group** that does **not** get the **chan**ce / to be **cen**ter **sta**ge, / build your **own sta**ge / and **ma**ke them **see** you. / Your **queer**ness is **bea**utiful. / Your **black**ness, / your com**pass**ion, / your under**stand**ing, / your **fight** for people / who may be **dif**ferent from you / —**all** of it is **bea**utiful. / I **ho**pe you con**ti**nue to **go** into the **world** / and **show** them / that you will **ne**ver stop **be**ing yourself. / It's **your ti**me now / —**ma**ke them **see** you.

If you've **e**ver been called **dumb**, / unat**trac**tive, / over**weight**, / un**worth**y, / un**ta**lented / —**so** have **I**. / What**ev**er you **do**, / **don't** let the nega**ti**vity of **peo**ple / pro**ject**ing their **own self**-doubts **on**to you / de**ter** you from your **fo**cus. / I **know** those **mo**ments / are **pain**ful. / It **hurts** like **hell**. / But **now** is the **ti**me / to **turn** those **cri**ticisms / into **fuel** and moti**va**tion / to be**co**me a **bea**utiful **beast**.

Res**pect** is **e**verything. / There's **no** suc**cess**ful re**la**tionship / or a suc**cess**ful **mo**vement / if the **ba**sic **prin**ciple is **not** res**pect**. / The **world** will res**pect** you / as **much** as you res**pect** your**self**.

자신이 남들과는 어딘가 다르다고 느끼는 모든 이들에게 전하고 싶어요. 만약 여러분이 '기타'라고 불리는 집단, 즉, 언제나 무대에 설 기회가 주어지지 않는 그런 집단에 속해 있다면, 여러분만의 무대를 만드세요. 그리고 세상이 여러분을 보게 만드세요. 여러분의 퀴어함은 아름답습니다. 여러분의 흑인다움, 여러분의 동정심, 이해심, 나와는 다른 사람을 위해 투쟁하는 마음, 이 모든 것이 아름답습니다. 저는 여러분이 세상 밖으로 나아가, 자신의 모습을 잃지 않고 살아가기를 바랍니다. 이제 여러분의 시대입니다. 세상이 여러분을 보게 하세요.

만약 여러분이 단 한 번이라도 멍청하다, 매력적이지 않다, 과체중이다, 가치 없다, 재능이 없다라는 말을 들어 본 적 있다면, 저도 그런 말들을 들어 봤다는 점을 밝힙니다. 하지만 어떤 상황에서도, 다른 사람들이 내뱉는 부정적인 말 때문에 흔들리지 마세요. 그들은 자기 스스로에게 느끼는 의심을 여러분에게 투영해서 말하는 것뿐이니까요. 물론 그런 순간들이 얼마나 고통스러운지 압니다. 그런 말들은 정말 지독히도 아프게 다가오죠. 하지만 지금이야말로, 그런 비난을 연료와 동력으로 삼아 아름답고 강력한 존재로 거듭날 때입니다.

존중이 전부입니다. 만약 모든 것의 기본에 '존중'이 없다면 성공적인 관계도, 성공적인 변화도 존재할 수 없습니다. 여러분이 스스로를 존중하는 만큼 세상도 여러분을 존중할 것입니다.

SPEECH 1-6 비욘세 "디어 클래스 오브 2020" 졸업식 축사

I'm often asked, "What's your **secret** to success?" The short answer: **Put in the work**. There may be more failures than victories. I've **been blessed to** have 24 Grammys[1], but I've lost 46 times. Don't ever **feel entitled to** win—just keep working harder. **Surrender to the cards you are dealt**. It's from that surrender that you get your power.

Losing can be the best motivator to get you even bigger wins. So never **compare yourself to** anyone else. There will be wins and losses, tears and laughter. You'll feel **the shades of life** deeply.

And **with success come challenges**. With your wins, you may start to notice people spending a lot of energy trying to **tear** you **down**. Try not to take it personally. Unfortunately, it's something that **comes along with** success. Whenever you **feel like you're not in control** or the world is against you, let that vulnerability **motivate** you **into** greatness. That's how I found my true self. I remain a **work in progress**—and that's the beauty of growth.

---

[1] Grammy 그래미상(Grammy Award). 미국 레코드 업계에서 한 해 동안 뛰어난 업적을 남긴 아티스트와 음악 작품에 수여하는, 음악계에서 가장 권위 있는 상이다.

주요 표현 확인

secret 비결
be blessed to ~하게 되어 축복받았다
surrender to ~에 항복하다, ~을 받아들이다
the cards you are dealt 주어진 조건[운명]
compare oneself to 스스로를 ~와 비교하다
the shades of life 삶의 다양한 색깔, 인생의 여러 감정[경험]

with success come challenges 성공에는 도전이 따른다
tear down ~을 무너뜨리다
come along with ~와 함께 오다
feel like you're not in control 스스로 결정할 능력을 상실한 느낌이다
motivate someone into ~가 …하게 동기를 부여하다
work in progress 아직 미완성의 존재, 성장 중인 단계

핵심 패턴 연습

- **put in the work** 노력을 기울이다

    Success only comes if you **put in the work**.
    성공은 오직 노력을 기울일 때만 찾아온다.

    You can't expect results if you don't **put in the work**.
    노력하지 않으면 결과를 기대할 수 없다.

- **feel entitled to** ~을 당연하게 여기다, ~을 누릴 자격이 있다고 느끼다

    He **feels entitled to** respect just because he's older.
    그는 나이가 많다는 이유로 존중받아야 한다고 생각한다.

    Some customers **feel entitled to** get a refund even without a valid reason.
    어떤 고객들은 타당한 이유 없이도 환불받을 자격이 있다고 여긴다.

낭독 훈련

/ 끊어 읽기   ● 강세 넣기

I'm often asked, / "What's your secret to success?" / The short answer: / Put in the work. / There may be more failures / than victories. / I've been blessed / to have 24 Grammys, / but I've lost 46 times. / Don't ever feel entitled to win / —just keep working harder. / Surrender to the cards / you are dealt. / It's from that surrender / that you get your power.

Losing / can be the best motivator / to get you even bigger wins. / So never compare yourself / to anyone else. / There will be wins and losses, / tears / and laughter. / You'll feel the shades of life / deeply.

And with success / come challenges. / With your wins, / you may start to notice people / spending a lot of energy / trying to tear you down. / Try not to take it personally. / Unfortunately, / it's something / that comes along with success. / Whenever you feel like you're not in control / or the world is against you, / let that vulnerability / motivate you into greatness. / That's how I found my true self. / I remain a work in progress / —and that's the beauty of growth.

사람들은 저에게 종종 이렇게 묻습니다. "당신의 성공 비결이 뭔가요?" 짧게 말하자면, '노력하는 것'입니다. 승리할 때보다 실패할 때가 더 많을 수도 있어요. 저는 그래미상을 24번이나 수상하는 영광을 누렸지만, 46번이나 수상을 놓치기도 했습니다. 절대 승리를 당연시하지 마세요. 그저 더 열심히 노력하세요. 자신에게 주어진 운명을 받아들이세요. 바로 거기서부터 여러분의 힘이 나옵니다.

패배는 더 큰 승리를 위한 최고의 원동력이 되기도 합니다. 그러니 절대 다른 사람과 자신을 비교하지 마세요. 승리가 있으면 패배도 있고, 눈물이 있으면 웃음도 있습니다. 여러분은 인생의 수많은 색깔을 마음속 깊이 느끼게 될 겁니다.

그리고 성공에는 항상 도전이 따릅니다. 여러분이 승리를 거둘수록 어떤 사람들은 여러분을 끌어내리려고 더 많은 에너지를 쏟을 겁니다. 하지만 이걸 개인적인 문제로 받아들이지 마세요. 안타깝게도, 이건 성공에 따라오는 그림자 같은 것이니까요. 일이 뜻대로 되지 않거나 온 세상이 여러분을 적대하는 것처럼 느껴질 때면, 그 취약함을 동력 삼아 더 큰 존재로 성장하세요. 저 역시 그런 방식으로 진짜 제 모습을 찾았습니다. 저는 여전히 성장 중인 미완성의 존재이며, 이것이 바로 성장의 아름다움입니다.

SPEECH 1-7 비욘세 "디어 클래스 오브 2020" 졸업식 축사

When you bet on yourself, you're **making an investment in** your own future. When you choose to spend your valuable time thinking, speaking, or typing negative thoughts, you're investing in something that will give you absolutely no **return on your investment**. Every thought in your mind is powerful. Every word you speak is powerful. Every action you take has consequences for yourself and your community.

Look at what you have been able to do. We've seen the power of the collective. We've seen what happens when we join **for the same cause**. Continue to be the voice for **the voiceless**. Never forget, we can disagree in a way that is productive to **arrive at decisions** that **foster real change**. If you **make a mistake**, that's okay too. But we all have a responsibility to **hold ourselves accountable** and change.

Don't just talk or dream about what you're going to do. Don't **criticize** somebody else **for** what they're not doing. You be it. **Be about it**. **Take action** and go do it. **Keep your eye on** your intention.

주요 표현 확인

make an investment in
~에 투자하다

return on one's investment
~의 투자에 대한 수익

for the same cause
공동의 대의를 위해

the voiceless 힘없는 사람들

arrive at a decision
결정에 도달하다, 결정을 내리다

make a mistake 실수하다

hold oneself accountable
스스로 책임을 지다

criticize someone for
~에 대해 …를 비난[비판]하다

Be about it.
(말만 하지 말고) 실제 행동으로 옮겨라.

take action 행동하다

핵심 패턴 연습

- **foster real change** 실질적인 변화를 만들다

    The new law is expected to **foster real change** in the nation's healthcare system.
    새 법안은 국가 의료 시스템에 실질적인 변화를 가져올 것으로 예상된다.

    We must **foster real change**, not just temporary solutions.
    우리는 단순한 임시방편이 아니라, 실질적인 변화를 만들어야 한다.

- **keep one's eye on** ~을 예의 주시하다

    Keep your eye on the clock.
    시계에서 눈을 떼지 마세요.

    You should **keep an eye on** your spending this month.
    이번 달에는 지출을 좀 관리해야 해.

낭독 훈련

/ 끊어 읽기　● 강세 넣기

When you **bet** on your**self**, / you're **ma**king an in**vest**ment / in your **own fu**ture. / When you **choose** to spend your **va**luable **ti**me / **think**ing, / **speak**ing, / or **ty**ping **ne**gative thoughts, / you're in**vest**ing in something / that will **gi**ve you abso**lu**tely **no** re**turn** / on your in**vest**ment. / Every **thought** in your **mind** / is **po**werful. / **E**very **word** you **speak** / is **po**werful. / **E**very **ac**tion you **ta**ke / has **con**sequences for your**self** / and your com**mu**nity.

Look at what you have been **ab**le to **do**. / We've **seen** the **po**wer of the col**lec**tive. / We've **seen** what **hap**pens / when we **join** for the **sa**me **cau**se. / Con**ti**nue to be the **voi**ce / for the **voi**celess. / **Ne**ver for**get**, / we can disa**gree** in a way / that is pro**duc**tive to ar**ri**ve at de**ci**sions / that **fos**ter **real chan**ge. / If you **ma**ke a mis**ta**ke, / **that's** okay **too**. / But we **all** have a responsi**bi**lity / to **hold** ourselves ac**coun**table / and **chan**ge.

Don't just **talk** or **dream** about / **what** you're going to **do**. / **Don't cri**ticize somebody **else** / for **what** they're **not** doing. / You **be** it. / Be **about** it. / Take **ac**tion / and go **do** it. / **Keep** your **eye** / on your in**ten**tion.

여러분 자신에게 베팅해 보세요. 그건 곧 여러분 자신의 미래에 투자하는 일입니다. 부정적인 생각을 하고 부정적인 말을 하거나, 부정적인 글을 쓰는 데 여러분의 소중한 시간을 쓴다면, 여러분은 아무런 수익도 없는 곳에 투자하는 셈이 됩니다. 여러분의 마음속에 있는 모든 생각에는 강력한 힘이 있습니다. 여러분이 내뱉는 모든 말에도 강력한 힘이 있습니다. 여러분이 하는 모든 행동은 여러분 자신과 공동체에 영향을 미칩니다.

지금까지 여러분이 해낸 일들을 한번 돌아보세요. 우리는 함께할 때 얼마나 강해지는지 보았습니다. 우리는 같은 목적을 향해 나아갈 때 어떤 일이 일어나는지도 보았습니다. 앞으로도 계속 목소리가 없는 사람들의 목소리가 되어 주세요. 잊지 마세요. 우리는 서로 의견이 달라도 생산적인 논의를 통해 진정한 변화를 만들어 내는 결정에 이를 수 있다는 사실을요. 실수를 해도 괜찮습니다. 하지만 우리는 모두 자신의 행동에 책임을 지고 변화해야 할 의무가 있습니다.

하고 싶은 일을 그냥 말만 하거나 꿈꾸는 데 그치지 마세요. 남이 아무것도 안 한다고 비난하기보다, 당신이 먼저 그 본보기가 되세요. 그 일을 직접 하세요. 행동으로 보여 주세요. 그리고 언제나 당신의 진짜 '의도'에 시선을 고정하세요.

SPEECH 1-8 비욘세 "디어 클래스 오브 2020" 졸업식 축사

Don't let any **outside distraction** or your own **insecurity stop** you **from** reaching your goals. **Embrace** that **struggle**. Surviving that **struggle** will strengthen you.

This is **a crucial time** in our history and in your life. The Earth is **ripping the band-aid off** so we can really see our wounds—so we can **acknowledge** and nurture them. That's when true healing begins. You can be that leader we all need. You can lead the movement that celebrates humanity. My prayer for you is that you invest in yourself and see the value of **giving back** and building your community **the best way** you **can**.

I pray that you continue to celebrate and **value** lives that **appear** different from your own. I know you are ready to start one of the most important journeys of your life. You are **on the brink of** a huge world shift. Look how far you've come and how much you've contributed. **Keep pushing**. Forget the fear. Forget the doubt. Keep investing, and keep betting on yourself.

주요 표현 확인

outside distraction 외부의 방해 요소

insecurity 불안감, 열등감, 콤플렉스

embrace 수용하다, 받아들이다

struggle 분투, 힘든 일

a crucial time 중대한 시기

rip the band-aid off 반창고를 떼다, (불편한 진실을) 직면하다

acknowledge 인정하다

give back 돌려주다

the best way someone can ~가 할 수 있는 최선의 방식으로

value ~을 소중히 하다

appear ~인 것 같다, ~처럼 보이다

keep pushing 계속 밀어붙이다, 계속 나아가다

핵심 패턴 연습

- **stop someone from** ~가…하지 못하게 막다

    He **stopped** me **from** speaking the truth.
    그는 내가 진실을 말하지 못하게 막았다.

    The rain didn't **stop** us **from** having fun.
    비가 와도 우리는 신나게 놀았다.

- **on the brink of** 막 ~하려는 찰나에, ~의 직전에, ~의 눈앞에

    We are **on the brink of** making history.
    우리는 새로운 역사를 쓰려는 찰나에 있다.

    The company is **on the brink of** bankruptcy.
    그 회사는 파산 직전에 놓여 있다.

낭독 훈련

/ 끊어 읽기   ● 강세 넣기

Don't let any outside distraction / or your own insecurity / stop you from reaching your goals. / Embrace that struggle. / Surviving that struggle / will strengthen you.

This is a crucial time in our history / and in your life. / The Earth / is ripping the band-aid off / so we can really see our wounds / —so we can acknowledge / and nurture them. / That's when true healing / begins. / You can be that leader / we all need. / You can lead the movement / that celebrates humanity. / My prayer for you is that / you invest in yourself / and see the value of giving back / and building your community / the best way you can.

I pray that you continue to celebrate / and value lives / that appear different from your own. / I know you are ready to start / one of the most important journeys / of your life. / You are on the brink / of a huge world shift. / Look how far you've come / and how much you've contributed. / Keep pushing. / Forget the fear. / Forget the doubt. / Keep investing, / and keep betting on yourself.

주변의 방해나 여러분 안의 불안감이 목표를 향해 나아가는 여러분을 가로막지 못하게 하세요. 그 고난조차 기꺼이 받아들이세요. 그 시간을 견뎌 내는 것 자체가 여러분을 더욱 강하게 만들 것입니다.

지금은 우리 역사상으로도, 여러분의 인생에서도 매우 중요한 시기입니다. 지구는 반창고를 떼어 우리의 상처를 드러내고 있습니다. 그래서 우리가 그 상처를 직시하고 보듬을 수 있게 되었습니다. 진정한 치유는 바로 이럴 때 시작됩니다. 여러분은 우리 모두가 필요로 하는 리더가 될 수 있습니다. 여러분은 전 인류의 가치를 기리는 움직임을 이끌어 낼 수 있습니다. 저는 여러분이 자기 자신에게 투자하고, 나눔의 가치를 깨닫고, 최선을 다해 여러분의 공동체를 세워 나가기를 바랍니다.

자신과 달라 보이는 삶 역시 소중히 여기고 기꺼이 찬양하는 마음을 계속 간직하기를 바랍니다. 이제 여러분은 인생에서 가장 중요한 여정 중 하나를 시작할 준비가 되어 있습니다. 여러분은 지금 거대한 세계 변화의 문턱에 서 있습니다. 지금까지 여러분이 얼마나 멀리 왔는지, 얼마나 많은 것을 기여해 왔는지 보세요. 계속 앞으로 나아가세요. 두려움은 잊으세요. 의심도 잊으세요. 계속해서 자신에게 투자하고, 스스로를 믿고 도전해 보세요.

연설문 요약

저는 흑인 여성이에요. **아무도 저에게 제가 원하는 자리에 앉을 기회를 주지 않았죠.** 그래서 저는 결국 저만의 테이블을 직접 만들고, 그 자리에 다른 이들도 초대했어요.

많은 사람들이 저를 비판했어요. 아무리 잘해도, 그들은 제가 여전히 부족하다고 말했죠. **하지만 그 상처는 저를 더 강하게 만들었고, 제 무기가 되었어요.**

이제 저는 **제가 만든 무대에서, 제 방식대로, 제 목소리로** 세상을 바꾸고 있어요. 그리고 말해요. **세상이 여러분을 외면한다면, 여러분만의 무대를 만들 차례라고요.**

여러분의 다름은 약점이 아니에요. 여러분의 그 '다름'이 바로 여러분을 더욱 빛나게 만드는 강점이에요. 실패해도 괜찮아요. 비난받아도 괜찮아요. 여러분이 누구인지 절대 감추지 마세요. 이 세상에서 여러분의 자리는, 여러분이 직접 만들 수 있어요.

I'm a Black woman. **No one gave me a seat at the table I wanted—so I built my own, and invited others in.**

I've been criticized. No matter how hard I worked, they still said I wasn't enough. **But those wounds made me stronger—and became my power.**

Now I stand on a stage I created—my way, with my voice. And I'm telling you: **If the world ignores you, it's your time to build your own stage.**

Your difference is not a weakness. That "difference" is what makes you shine even brighter. It's okay to fail. It's okay to be judged. **Never hide who you are. You can create your own place in this world.**

주제 토론

① 비욘세는 자신이 성장하는 데 도움을 준 가족과 이웃에게 고마움을 전하는 것이 중요하다고 말합니다. 여러분도 고마움을 전하고 싶은 사람이 있나요? 누구인가요? 그 사람들에게 고마운 마음을 표현할 수 있는 말이나 행동이 있을까요?

Beyoncé said it's important to thank your family and community for helping you grow. Is there someone you'd like to thank? Who is it? What are some nice things you can do or say to show them you're thankful?

② 비욘세는 실패가 우리를 더 강하게 만든다고 말합니다. 여러분도 운동 경기와 같은 어떤 일에서 지거나 실수를 했지만 포기하지 않은 적이 있나요? 그 경험에서 무엇을 배웠나요?

Beyoncé said losing can help you become stronger. Have you ever lost at something, like a sports game, or made a mistake but kept going? What did you learn from that experience?

주제 토론 ① 예시 답변

저는 부모님께 고마움을 전하고 싶어요. 엄마와 아빠는 식구들을 위해 출근하시느라 매일 아침 누구보다 일찍 일어나세요. 그래서 주말 아침만이라도 부모님이 푹 주무실 수 있게 제가 먼저 일어나 토스트랑 달걀프라이를 만들어 드려요. "엄마, 아빠, 주말 아침은 무조건 제가 준비할 테니까 푹 주무세요!"라고 말씀드리면, 부모님이 기뻐하셔서 저도 행복해요.

SPEECH 2

Satya Nadella's Speech at "Microsoft EDU" Event, 2017

사티아 나델라 "마이크로소프트 에듀" 행사 기조연설, 2017

사티아 나델라(Satya Nadella)는 글로벌 IT기업 마이크로소프트(Microsoft)의 최고경영자(CEO)이다. 그의 리더십 아래 마이크로소프트는 AI와 클라우드 중심 기업으로 도약하며 세계에서 두 번째로 시가 총액 4조 달러를 넘는 기업이 되었다. 교육 관련 기술·서비스를 발표하는 "마이크로소프트 에듀(Microsoft EDU)" 행사에서, 그는 기술을 통한 교육 기회의 확대를 강조하고 미래 교육에 대한 비전을 제시했다. 동시에 기술은 목적이 아닌 도구로서 교육을 돕는 기능을 해야 함을 일깨웠다.

SPEECH 2-1 사티아 나델라 "마이크로소프트 에듀" 행사 기조연설

It was **the tail end of** the First World War[1] in a **remote** and **rural** part of India. My great-grandfather, who was a **marginal farmer**, had just **passed away**, leaving my great-grandmother, a young widow with two sons and no **source of income**.

To **provide for** her sons and their future, she had to move to a town nearby and make some difficult choices. She became a **domestic servant** but still could only **afford to** send one of her sons to school. While the two boys **were close in age**, both in **grade school**, one was seen as being more responsible, while the other was a bit of a **troublemaker**.

My great-grandmother **opted to** send the more responsible, **diligent** son, viewed as having more **potential**, into the workforce. He became a **day laborer** at a **construction site**. He would continue in that field **for the rest of his life**, never given the opportunity to gain new skills and gain higher-level employment. The other son was sent to the local school, and that boy was my grandfather.

---

1 First World War 제1차 세계 대전. 1914년부터 1918년까지 유럽을 중심으로 전개된 대규모 전쟁.

주요 표현 확인

the tail end of ~이 거의 다 끝나 갈 무렵, ~의 끝자락에

remote 외딴, 먼

rural 시골의, 지방의

marginal farmer 소농, 작은 땅을 가진 가난한 농부

source of income 수입원, 소득원

provide for ~을 부양하다

domestic servant 가정부, 가사 노동자

be close in age 나이대가 비슷하다

grade school 초등학교

troublemaker 말썽꾼

opt to ~하기로 선택하다

diligent 성실한, 부지런한

potential 가능성, 잠재력

day laborer 일용직 노동자

construction site 건설 현장, 공사장

for the rest of one's life ~의 남은 일생 동안

핵심 패턴 연습

- **pass away** ('죽다'의 완곡한 표현) 돌아가시다

    My grandfather **passed away** last year.
    우리 할아버지는 작년에 돌아가셨다.

    Her parents **passed away** when she was little.
    그녀는 어렸을 때 부모님이 돌아가셨다.

- **afford to** ~할 여력이 있다, ~할 여유가 있다

    I can't **afford to** buy a new car.
    나는 새 차를 살 여유가 없다.

    They can finally **afford to** live in a better house.
    그들은 마침내 더 좋은 집에서 살 수 있게 되었다.

낭독 훈련

/ 끊어 읽기   ● 강세 넣기

It was the **tail** end of the **First** World **War** / in a re**mo**te / and **ru**ral part of **In**dia. / My **great**-**grand**father, / who was a **mar**ginal **farm**er, / had **just** passed a**way**, / **lea**ving my **great**-**grand**mother, / a **young wi**dow with **two sons** / and **no** source of **in**come.

To pro**vide** for her **sons** / and their **fu**ture, / she **had** to move to a **town** near**by** / and **ma**ke some **dif**ficult **choi**ces. / She be**ca**me a do**mes**tic **ser**vant / but **still** could **on**ly af**ford** to / send **one** of her **sons** to **school**. / While the **two boys** were **clo**se in **age**, / **both** in **gra**de school, / **one** was **seen** as being more res**pon**sible, / while the **other** / was a **bit** of a **trou**blemaker.

My **great**-**grand**mother / **opt**ed to **send** the more res**pon**sible, / **di**ligent son, / **view**ed as having **mo**re po**ten**tial, / into the **work**force. / He became a **day la**borer / at a con**struc**tion site. / He would con**ti**nue in that **field** / for the **rest** of his **life**, / **ne**ver given the oppor**tu**nity / to **gain** new **skills** / and **gain high**er-level em**ploy**ment. / The **o**ther son / was **sent** to the local **school**, / and **that boy** was **my grand**father.

제1차 세계 대전 말기, 인도의 한 외딴 시골 마을에 있었던 일입니다. 작은 농사를 짓던 저의 증조할아버지는 얼마 전에 세상을 떠나셨고, 젊은 나이에 미망인이 된 증조할머니는 아무런 수입원도 없이 두 아들과 함께 남겨졌습니다.

증조할머니는 아들들의 미래를 위해 근처 도시로 이주했고, 매우 어려운 선택을 해야 했습니다. 가정부로 일하게 되었지만, 형편상 두 아들 중 한 명만 학교에 보낼 수 있었죠. 두 아들은 나이가 비슷했고, 둘 다 초등학교에 다녔는데, 한 명은 더 책임감 있는 아이로, 다른 한 명은 약간 말썽꾸러기로 여겨졌습니다.

증조할머니는 더 책임감 있고, 성실하며, 잠재력이 더 크다고 여겨지는 아들을 일터로 보내기로 결정했습니다. 그렇게 그 아들은 건설 현장에서 일용직 노동자가 되었습니다. 그는 남은 평생 그 일을 했으며, 새로운 기술을 배우거나 더 좋은 일자리를 얻을 기회는 갖지 못했습니다. 한편 다른 아들은 그 지역의 학교로 보내졌는데, 그 아이가 바로 제 할아버지였습니다.

SPEECH 2-2 사티아 나델라 "마이크로소프트 에듀" 행사 기조연설

Despite being seen as less responsible, my grandfather continued through school and eventually became a police officer. **Despite entering the workforce** nearly a decade after his brother, his **starting salary** was **exponentially** higher. It was my grandfather's education and career that **enabled** my father **to pursue his own education**, which eventually allowed me to follow my own **passions**. The opportunity my grandfather was given **impacted the trajectories of** the generations to come. This personal story reflects that **often-repeated adage**: "Talent is everywhere, but opportunity is not."

Today's event is about education and technology. More **specifically**, it is about **empowering** the students of today to create the world of tomorrow.

We live in an amazing time of **technological progress**. **Every aspect of** our lives, economies, and societies **is being shaped by** digital technologies. However, technology also creates **disruption**. There is **growing concern over** job growth, economic opportunity, and the world we are building for the next generation.

주요 표현 확인

despite ~에도 불구하고

starting salary 초임급, 초봉

exponentially 기하급수적으로

pursue one's own education ~의 교육을 추구하다

passion 열정

impact the trajectory of ~의 궤도에 영향을 주다

often-repeated adage 자주 인용되는 격언

specifically 특히, 구체적으로 말하면

empower ~의 역량을 길러 주다

technological progress 기술 발전

every aspect of ~의 모든 측면

be shaped by ~에 의해 형성되다

disruption 혼란, 붕괴

growing concern over ~에 대해 커져 가는 우려

핵심 패턴 연습

- **enter the workforce** 사회생활을 시작하다, 취업하다

    Many college students **enter the workforce** right after graduation.
    많은 대학생들이 졸업 후 바로 사회생활을 시작한다.

    Young people are struggling to **enter the workforce** these days.
    요즘 젊은이들은 취업에 어려움을 겪고 있다.

- **enable someone to** ~가 …할 수 있게 하다

    Education **enables** people **to** live better lives.
    교육은 사람들이 더 나은 삶을 살게 해 준다.

    This app **enables** users **to** learn English easily.
    이 앱은 사용자가 영어를 쉽게 배울 수 있게 해 준다.

낭독 훈련

/ 끊어읽기　● 강세 넣기

Despite being seen as less responsible, / my grandfather continued through school / and eventually became a police officer. / Despite entering the workforce / nearly a decade after his brother, / his starting salary / was exponentially higher. / It was my grandfather's education and career / that enabled my father / to pursue his own education, / which eventually allowed me / to follow my own passions. / The opportunity my grandfather was given / impacted the trajectories / of the generations to come. / This personal story / reflects that often-repeated adage: / "Talent is everywhere, / but opportunity is not."

Today's event / is about education and technology. / More specifically, / it is about empowering the students of today / to create the world of tomorrow.

We live in an amazing time / of technological progress. / Every aspect of our lives, / economies, / and societies / is being shaped by digital technologies. / However, / technology also creates disruption. / There is growing concern / over job growth, / economic opportunity, / and the world we are building / for the next generation.

비록 덜 책임감 있는 아이로 여겨졌음에도 불구하고, 할아버지는 학업을 계속 이어 갔고, 결국 경찰관이 되었습니다. 할아버지는 자신의 형보다 거의 10년이나 늦게 사회로 나갔지만, 초봉은 형보다 훨씬 높았습니다. 할아버지가 받은 교육과 그로 인해 얻은 직업 덕분에 제 아버지는 자신의 교육을 받을 수 있었고, 그 결과 저도 제가 원하는 길을 따를 수 있게 되었습니다. 할아버지가 받은 교육의 기회는 다음 세대들의 삶의 방향까지 바꾸었습니다. 이 개인적인 이야기는 세간에 자주 인용되는 한 격언을 떠오르게 합니다. "재능은 어디에나 있지만, 기회는 그렇지 않다."

오늘 행사는 교육과 기술을 주제로 진행됩니다. 더 구체적으로 말하면, 오늘날의 학생들이 내일의 세상을 만들어 갈 수 있도록 힘을 실어 주는 일에 대해 다룹니다.

지금 우리는 기술이 눈부시게 발전하는 놀라운 시대에 살고 있습니다. 우리의 삶, 경제, 사회 모든 분야가 디지털 기술에 의해 변화하고 있습니다. 그러나 기술은 동시에 혼란도 일으킵니다. 일자리 증가, 경제적 기회, 그리고 다음 세대를 위한 세상이 어떤 모습일지에 대한 우려도 커지고 있습니다.

SPEECH 2-3 사티아 나델라 "마이크로소프트 에듀" 행사 기조연설

The real question is, how can technology **create more opportunity**, **not for a few, but for all**? Addressing that **question** is **at the core of** our mission to empower every person and every organization on the planet to achieve more.

This is not just a set of words for us, but something we care deeply about. Our success **is measured by** others' success. **Democratizing** educational opportunity speaks directly to our mission, and it's one of the most **pressing societal challenges**. Technology can **amplify** the work of **dedicated** people and institutions but can rarely substitute for it.

Kentaro Toyama, a former researcher at Microsoft and the author of the book "Geek Heresy,"[1] captures it best when he says that societal change requires more than just technology. Technocrats[2], as Toyama **refers to** them, **have a tendency to extol the virtues of** technology and **view** it **as a remedy to** all that ails the system.

---

1 Geek Heresy 《긱 헤러시》. 기술만능주의에 대한 고찰을 담은 켄타로 토야마(Kentaro Toyama)의 저서. '기술 덕후의 이단적 주장'을 뜻하는 말로, 한국에서는 《기술 중독 사회》로 번역되었다.

2 technocrat 테크노크라트. '기술(technology)'과 '관료(bureaucrat)'의 합성어. 과학적 전문 지식을 지닌 '기술 관료'로, 현대 사회의 의사 결정 과정에서 중요한 역할을 한다.

주요 표현 확인

create more opportunity
기회를 더 만들어 내다

not for a few, but for all
소수가 아닌 모두를 위해

address a question
질문에 답을 제시하다

be measured by ~에 의해 측정되다

democratize 민주화하다

pressing societal challenge
시급한 사회적 과제

amplify 증폭시키다, 확대하다

dedicated 헌신적인, 전념하는

refer to ~을 언급하다, ~을 지칭하다

extol the virtues of
~의 장점을 극찬하다

view something as
~을 …으로 보다

a remedy to ~의 해결책, ~의 치료 방안

핵심 패턴 연습

- **at the core of** ~의 핵심에 있는

    The lack of communication lies **at the core of** this conflict.
    소통 부족이 이 갈등의 핵심에 있다.

    Respect for students is **at the core of** my teaching philosophy.
    학생들을 존중하는 것이 내 교육 철학의 핵심이다.

- **have a tendency to** ~하는 경향이 있다

    She **has a tendency to** talk too much.
    그녀는 말을 너무 많이 하는 경향이 있다.

    People **have a tendency to** judge others by appearances.
    사람들은 다른 이들을 겉모습으로 판단하는 경향이 있다.

The real question is, / how can technology / create more opportunity, / not for a few, / but for all? / Addressing that question / is at the core of our mission / to empower every person / and every organization on the planet / to achieve more.

This is not just a set of words for us, / but something we care deeply about. / Our success / is measured by others' success. / Democratizing educational opportunity / speaks directly to our mission, / and it's one of the most pressing / societal challenges. / Technology can amplify the work / of dedicated people and institutions / but can rarely substitute for it.

Kentaro Toyama, / a former researcher at Microsoft / and the author of the book "Geek Heresy," / captures it best / when he says that societal change / requires more than just technology. / Technocrats, / as Toyama refers to them, / have a tendency / to extol the virtues of technology / and view it as a remedy to all / that ails the system.

정말 필요한 질문은 이것입니다. 어떻게 하면 기술이 소수가 아닌 모두를 위해 더 많은 기회를 창출할 수 있을까요? 이 질문에 답하는 것이 바로 우리 미션의 핵심입니다. 그것은 바로 이 세상 모든 사람과 모든 조직이 더 많은 것을 성취할 수 있도록 돕는 것입니다.

이것은 그저 단순한 몇 마디 말이 아니라, 우리가 진심으로 중요하게 여기는 가치입니다. 다른 사람이 성공해야 그것이 곧 우리의 성공입니다. 교육 기회를 모두에게 나누는 일은 저희의 사명과도 직결되며, 동시에 가장 시급한 사회적 과제 중 하나입니다. 기술은 헌신적인 사람들과 기관들의 노력을 증폭시킬 수는 있지만, 그것을 완전히 대체할 수는 없습니다.

켄타로 토야마가 한 말은 이 점을 가장 잘 담아냅니다. 그는 마이크로소프트의 전 연구원이자 도서 ≪기술 중독 사회(Geek Heresy)≫의 저자로, 사회적 변화를 위해서는 단순히 기술을 넘어 그 이상의 것이 필요하다고 말합니다. 토야마가 말하는 '기술 관료'들은 기술의 장점을 지나치게 찬양하고, 기술을 모든 문제의 만병통치약으로 보는 경향이 있습니다.

SPEECH 2-4 사티아 나델라 "마이크로소프트 에듀" 행사 기조연설

I'm here today as a **heretic**. We **are under no illusion that** technology alone is the answer to **transforming** education. Dedicated **administrators**, great teachers, motivated students, and involved parents and communities are the ones changing education.

Technology is merely a tool to empower their creativity and their **ingenuity**. It is this opportunity that motivates our work in education and everything you'll see today.

One of my favorite parts of the job is to be able to see and learn from the students **all around the world**. Over the past two years, I've **had a chance to** visit students from 20-plus countries, to see students in Jakarta and Tel Aviv use the same office tools that my daughters use in Seattle, how teachers in Tokyo and Madrid are using Minecraft[1] to teach students computational thinking[2], and how a group of young female students in Cairo **were inspired to** learn to **code** and **built an app** to assist the Syrian **refugees** in their own community.

---

1 Minecraft 마인크래프트. 높은 자유도와 자율성을 특징으로 하는 블록 기반의 3D 건설 및 탐험 게임. 마이크로소프트는 이를 활용하여 학생들이 코딩 등을 학습할 수 있는 교육용 소프트웨어를 제공하고 있다.
2 computational thinking 컴퓨팅 사고력. 문제를 컴퓨터처럼 논리적이고 단계적으로 해결하는 사고방식.

주요 표현 확인

heretic 이단자, 통념을 따르지 않는 사람
transform 변화시키다, 바꾸다
administrator 관리자, 행정가
ingenuity 기발한 재주, 독창성
all around the world 전 세계에서

be inspired to ~하도록 영감을 받다
code 코딩하다, 프로그램의 코드를 작성하다
build an app 애플리케이션을 만들다, 응용 프로그램을 개발하다
refugee 난민, 망명자

핵심 패턴 연습

- **be under no illusion that**
  ~라는 환상이 없다, ~라고 착각하지 않는다

  We **are under no illusion that** we will win every game.
  우리가 모든 경기에서 이길 거라는 환상은 없다.

  I **am under no illusion that** the market will recover immediately.
  나는 시장이 곧바로 회복될 거라고 착각하지 않는다.

- **have a chance to** ~할 기회가 있다

  We finally **have a chance to** travel together.
  우리는 마침내 함께 여행할 기회를 갖게 되었다.

  Did you **have a chance to** read the book?
  그 책을 읽어 볼 시간이 있었나요?

낭독 훈련

/ 끊어 읽기   ● 강세 넣기

I'm here today / as a heretic. / We are under no illusion / that technology alone / is the answer to transforming education. / Dedicated administrators, / great teachers, / motivated students, / and involved parents and communities / are the ones changing education.

Technology is merely a tool / to empower their creativity / and their ingenuity. / It is this opportunity / that motivates our work in education / and everything you'll see today.

One of my favorite parts of the job / is to be able to see and learn / from the students / all around the world. / Over the past two years, / I've had a chance to visit students / from 20-plus countries, / to see students in Jakarta and Tel Aviv / use the same office tools / that my daughters use in Seattle, / how teachers in Tokyo and Madrid / are using Minecraft / to teach students / computational thinking, / and how a group of young female students in Cairo / were inspired to learn to code / and built an app / to assist the Syrian refugees / in their own community.

저는 오늘 그러한 관점에 반대하는 '이단자'로 이 자리에 섰습니다. 저희는 오직 기술만이 교육을 변화시키는 해답이라는 환상에 빠져 있지 않습니다. 교육을 변화시키는 진짜 주인공은 바로 헌신적인 행정가, 훌륭한 교사와 열정적인 학생, 그리고 참여하는 학부모와 지역 사회입니다.

기술은 그저 그들의 창의력과 독창성을 발휘하도록 돕는 도구일 뿐입니다. 바로 이러한 기회를 제공하는 것이 우리가 교육에 힘쓰는 이유이며, 오늘 여러분이 보게 될 모든 일의 원동력입니다.

제가 이 일을 하며 가장 좋아하는 순간 중 하나는 전 세계의 학생들을 만나고, 그들로부터 배울 때입니다. 지난 2년간, 저는 20개국이 넘는 나라의 학생들을 만나 볼 기회를 가졌습니다. 자카르타와 텔아비브의 학생들이 시애틀에 있는 제 딸들과 같은 오피스 툴을 사용하는 모습을 보았습니다. 그리고 도쿄와 마드리드의 교사들이 마인크래프트를 활용해 학생들에게 컴퓨팅 사고력을 가르치는 모습도 보았습니다. 또한, 카이로의 젊은 여학생들이 자신들의 지역 사회에 있는 시리아 난민을 돕기 위해 코딩을 배워 앱을 개발한 이야기도 들었습니다.

SPEECH 2-5 사티아 나델라 "마이크로소프트 에듀" 행사 기조연설

I've **been struck by** the **commonalities** amongst the students: their ingenuity, their **thirst for** learning, their **diversity**, and their dreams for the future. As I've spent time visiting these classrooms, a few things **stick out to** me each time.

First, technology should help, not **hinder** teachers' work in the classroom. Teachers **have constant demands on** their time. They must **create curriculum**, **grade tests and papers**, manage classrooms, discipline, educate, and inspire. Each time I leave a classroom, the job of a teacher makes my job look easy **in comparison**. Technology should make teachers' lives simpler and **spark students' creativity**, not distract from it. This is a **top priority** that we are focused on at Microsoft.

Today you'll see how we're delivering an accessible, **streamlined** platform **readily available** to all classrooms, so teachers spend less time focused on technology and more time doing what they love—inspiring students.

주요 표현 확인

be struck by ~에 감명받다, ~에 충격받다
commonality 공통점
thirst for ~에 대한 갈망
diversity 다양성
hinder 방해하다, 저해하다
have constant demands on ~에 대해 끊임없는 요구[압박]를 받다
create curriculum 교육 과정을 만들다

grade tests and papers 시험과 리포트 과제를 채점하다
in comparison ~와 비교하여
spark one's creativity ~의 창의력을 자극하다
streamlined 능률적인, 간소화된
readily available 쉽게 이용 가능한, 즉시 사용할 수 있는

핵심 패턴 연습

- **stick out to someone** ~의 눈에 띄다, ~에게 인상 깊게 느껴지다

    Her bright red jacket really **stuck out to** me in the crowd.
    군중 속에서 그녀의 빨간 재킷이 정말 눈에 확 띄었다.

    What **stuck out to** me the most was his honesty.
    내게 가장 인상 깊게 느껴진 것은 그의 정직함이었다.

- **top priority** 최우선 과제

    Money is not my **top priority** in life.
    돈은 내 인생의 최우선 과제가 아니다.

    The new government's **top priority** is economic recovery.
    새 정부의 최우선 과제는 경제 회복이다.

낭독 훈련

/ 끊어 읽기   ● 강세 넣기

I've been struck by the commonalities / amongst the students: / their ingenuity, / their thirst for learning, / their diversity, / and their dreams for the future. / As I've spent time / visiting these classrooms, / a few things stick out to me each time.

First, / technology should help, / not hinder teachers' work / in the classroom. / Teachers have constant demands / on their time. / They must create curriculum, / grade tests and papers, / manage classrooms, / discipline, / educate, / and inspire. / Each time I leave a classroom, / the job of a teacher / makes my job look easy in comparison. / Technology should make teachers' lives simpler / and spark students' creativity, / not distract from it. / This is a top priority / that we are focused on at Microsoft.

Today / you'll see how we're delivering / an accessible, streamlined platform / readily available to all classrooms, / so teachers spend less time / focused on technology / and more time doing what they love / —inspiring students.

저는 전 세계 학생들에게 공통점이 많다는 사실이 참 인상 깊었습니다. 그들은 모두 창의성, 배움에 대한 열망, 다양성, 그리고 미래를 향한 꿈을 가지고 있었습니다. 그리고 이렇게 교실들을 방문하다 보면, 매번 눈에 띄는 몇 가지 사항이 있었습니다.

첫째, 기술은 교실에서 교사들의 일을 방해하는 것이 아니라 돕는 역할을 해야 합니다. 교사들은 늘 시간에 쫓기며 살아갑니다. 교육 과정을 만들고, 시험지와 과제를 채점하며, 교실을 관리하고, 훈육하고, 가르치고, 영감을 주어야 하죠. 저는 교실을 나설 때마다, 교사들의 업무에 비하면 제 일은 너무나 쉬워 보인다는 생각을 하곤 합니다. 기술은 교사들의 삶을 더 편하게 만들고, 학생들의 창의력을 북돋워야 하지, 이를 방해해서는 안 됩니다. 이것이 바로 우리 마이크로소프트가 최우선 과제로 삼고 있는 부분입니다.

오늘 여러분은 어떤 교실에서든 사용 가능한 간소화된 플랫폼을 저희가 어떻게 제공하려고 하는지 보게 될 겁니다. 그리고 이를 통해 교사들이 기술에 쏟는 시간을 줄이고 그들이 진정 사랑하는 일, 즉 학생들에게 영감을 주는 일에 더 많은 시간을 할애하는 모습을 보게 될 겁니다.

SPEECH 2-6 사티아 나델라 "마이크로소프트 에듀" 행사 기조연설

Secondly, **the nature of** work **is changing drastically**. Much of the work today happens in teams, working together to **solve a problem** where the sum becomes greater than the parts. We need to prepare our students for this future and enable **team-based** learning experiences in the classroom—amongst groups of students, between students and teachers, between teachers and parents.

What you will see today is how any classroom can **promote learning through collaboration**, **hubs for** teamwork, **personalized learning tools**, and the ability to **co-create**. By empowering students to learn together, their educational opportunities get better.

Third, we must prepare our students for tomorrow. Consider the World Economic Forum[1]'s jobs report. An **estimated** 65% of students entering school today will have jobs that do not yet exist. Teachers know this, and they **are hungry to equip** their students **for** this future. They know that computational thinking and **problem-solving skills** are key to the future.

---

1 World Economic Forum 세계 경제 포럼. 전 세계 각국의 주요 기업인, 정치인, 학자 등이 모여 세계 경제와 이에 대한 각종 해법 등을 논의하는 국제 민간 회의.

주요 표현 확인

the nature of ~의 본질, ~의 특성
solve a problem 문제를 해결하다
team-based 팀 기반의
promote learning through collaboration 협업을 통해 학습을 촉진하다
a hub for ~의 중심[거점]

personalized learning tool 개인 맞춤형 학습 도구
co-create 함께 창조하다
estimated 약[대략], 추정컨대
equip someone for something ~를 …에 대해 대비시키다
problem-solving skills 문제 해결 능력

핵심 패턴 연습

- **be changing drastically** 급격히 변해 가고 있다

  With the advancement of AI, the world **is changing drastically**.
  AI의 발전으로, 세상이 급격히 변하고 있다.

  The climate **is changing drastically** due to global warming.
  지구 온난화로 인해 기후가 급격히 변해 가고 있다.

- **be hungry to** ~하기를 열망하다

  She **is hungry to** show her talent to the world.
  그녀는 자신의 재능을 세상에 보여 주고 싶은 열망이 있다.

  I **am hungry to** explore the world and meet new people.
  나는 세상을 탐험하고 새로운 사람들을 만나기를 열망한다.

낭독 훈련

/ 끊어 읽기   ● 강세 넣기

Secondly, / the nature of work / is changing drastically. / Much of the work today / happens in teams, / working together to solve a problem / where the sum / becomes greater than the parts. / We need to prepare our students / for this future / and enable team-based learning experiences / in the classroom / —amongst groups of students, / between students and teachers, / between teachers and parents.

What you will see today / is how any classroom / can promote learning through collaboration, / hubs for teamwork, / personalized learning tools, / and the ability to co-create. / By empowering students / to learn together, / their educational opportunities get better.

Third, / we must prepare our students / for tomorrow. / Consider the World Economic Forum's / jobs report. / An estimated 65% of students / entering school today / will have jobs / that do not yet exist. / Teachers know this, / and they are hungry to equip their students / for this future. / They know that computational thinking / and problem-solving skills / are key to the future.

둘째, 일의 본질이 급격히 변하고 있습니다. 오늘날의 많은 일들은 팀 단위로 이뤄지며, 여러 사람이 함께 문제를 해결하는 과정에서 각자의 역할을 뛰어넘는 더 큰 성과가 창출됩니다. 우리는 학생들이 이러한 미래에 잘 대비할 수 있도록, 교실에서도 팀 기반의 학습 경험을 쌓을 수 있게 해야 합니다. 학생들 간에, 학생과 교사 간에, 그리고 교사와 학부모 간에 말이죠.

오늘 여러분은 협업과 팀워크, 개인 맞춤형 학습 도구, 그리고 공동 창작 능력을 통해 어느 교실이든 '어떻게 학습을 촉진할 수 있는지' 보게 될 것입니다. 학생들이 함께 배우도록 힘을 실어 줄 때, 그들의 교육 기회는 훨씬 더 좋아집니다.

셋째, 우리는 학생들이 미래를 준비할 수 있도록 도와야 합니다. 세계 경제 포럼의 직업 보고서를 보면, 오늘날 학교에 입학하는 학생들 중 약 65%는 아직 존재하지 않는 직업을 갖게 될 것이라고 합니다. 교사들도 이 사실을 잘 알고 있으며, 학생들을 이런 미래에 대비시키고 싶어 합니다. 또한 교사들은 컴퓨팅 사고력과 문제 해결 능력이 미래의 핵심 역량임을 알고 있습니다.

SPEECH 2-7 사티아 나델라 "마이크로소프트 에듀" 행사 기조연설

But teachers also know that they need to **take a** much **broader view of** STEM[1]. By bringing the STEM curriculum alongside reading, writing, design, and art, we'll **set** these students **up for** success in the future.

Throughout today's presentation, we will show you new technologies designed to **address** these **needs**, and most importantly, how technology can empower students and teachers to **enhance learning outcomes** and create a world of tomorrow.

Lastly, democratizing educational opportunity must be **inclusive of** everyone, not just **a select few**. This includes students with disabilities and different learning styles. They must be given an opportunity to **pursue their own dreams**.

Dyslexia is estimated to impact one in five people. 72% of the classrooms have students with special learning needs. Reading is an **essential competency**, and once a student **falls** far **behind**, it's difficult to **catch up**. And it's just not about reading—you **fall behind** in every other subject area.

---

1 STEM 스템. 과학(Science), 기술(Technology), 공학(Engineering), 수학(Mathematics)의 줄임말로, 이공 계열 분야를 한데 묶어 부르는 용어이다.

주요 표현 확인

take a broader view of
~을 더 넓은 시각으로 보다

set someone up for something
~에게 …을 위한 기반을 마련해 주다

address needs
필요를 충족시키다, 요구를 해결하다

enhance learning outcomes
학업 성과를 향상시키다

inclusive of ~을 포함하여

a select few 선택된 소수

pursue one's own dreams
자신의 꿈을 추구하다

dyslexia 난독증

essential competency 필수 역량

핵심 패턴 연습

- **fall behind** 뒤처지다, 낙오되다

  He started to **fall behind** in his studies.
  그의 학업 성취도는 뒤처지기 시작했다.

  The company **is falling behind** its competitors in technology.
  그 회사는 기술 면에서 경쟁사들에 뒤처지고 있다.

- **catch up** ~을 따라잡다

  I missed a few classes, so I need to **catch up** on the lessons I missed.
  수업을 몇 번 빠졌더니, 놓친 진도를 따라잡아야 한다.

  I stayed late to **catch up** on my work.
  밀린 일을 처리하려고 늦게까지 남았다.

낭독 훈련

/ 끊어 읽기   ● 강세 넣기

But teachers also know that / they need to take a much broader view / of STEM. / By bringing the STEM curriculum / alongside reading, / writing, / design, / and art, / we'll set these students up / for success in the future.

Throughout today's presentation, / we will show you new technologies / designed to address these needs, / and most importantly, / how technology / can empower students and teachers / to enhance learning outcomes / and create a world of tomorrow.

Lastly, / democratizing educational opportunity / must be inclusive of everyone, / not just a select few. / This includes students with disabilities / and different learning styles. / They must be given an opportunity / to pursue their own dreams.

Dyslexia / is estimated to impact / one in five people. / 72% of the classrooms have students / with special learning needs. / Reading is an essential competency, / and once a student falls far behind, / it's difficult to catch up. / And it's just not about reading / —you fall behind in every other subject area.

하지만 동시에 교사들은 과학·기술·공학·수학(STEM) 교육만이 답이 아니라는 점도 알고 있습니다. 그래서 저희는 학생들이 미래에 성공할 수 있도록, 과학·기술·공학·수학 교육을 읽기, 쓰기, 디자인, 예술 등과 함께 통합해서 제공하려고 합니다.

오늘 발표를 통해, 저희는 이런 필요를 충족시키기 위해 개발된 새로운 기술들을 여러분에게 보여 드릴 겁니다. 그리고 무엇보다도, 기술이 어떻게 학생과 교사를 도와 학습 성과를 높이고, 미래 세상을 만들어 갈 수 있는지 보여 드리겠습니다.

마지막으로, 교육 기회의 민주화는 소수의 사람들만이 아니라 모든 사람을 포함해야 합니다. 여기에는 장애가 있거나, 각기 다양한 학습 스타일을 가진 학생들도 포함됩니다. 이들 모두에게도 자신의 꿈을 추구할 수 있는 기회가 반드시 주어져야 합니다.

전체 인구의 다섯 명 중 한 명은 난독증의 영향을 받는 것으로 추산됩니다. 그리고 전체 교실의 72%에는 특별한 학습 지원이 필요한 학생들이 있습니다. 읽기 능력은 필수적인 역량이며, 일단 한번 크게 뒤처지면 따라잡기가 어렵습니다. 그리고 이는 단지 읽기만의 문제가 아닙니다. 읽기를 못 따라가면 다른 모든 과목에서도 뒤처지게 됩니다.

사티아 나델라 "마이크로소프트 에듀" 행사 기조연설

This is something that we **aim to** address with the OneNote Learning Tools[1] designed specifically to help students with dyslexia. But they can help students everywhere with their reading and writing skills. It's been incredible to **hear the feedback from** the teachers using this to teach **emerging first-grade** readers, or from parents who have **exhausted their options seeking help for** their dyslexic children learning to read, or about how a teacher in Macedonia used the learning tools to teach young students English.

We will **take a look at** how these learning tools work, and much more, as Terry Myerson[2] joins me today to share more news.

To close, I want everyone to imagine the world we are building for tomorrow. Just as my grandfather's opportunity **changed the trajectory of** our family, this is what inspires me: How can we **collectively come together to** democratize educational opportunity for every student, both for this generation and **the generations to come**? Thank you all very, very much.

---

1 OneNote Learning Tools 원노트 러닝 툴. 마이크로소프트의 노트 필기 프로그램 원노트(OneNote)에서 제공하는 무료 학습 지원 기능으로, 읽기와 쓰기 등 다양한 영역에서 학생 개개인의 학습과 이해력 향상을 돕는다.
2 Terry Myerson 테리 마이어슨. 이 연설 당시 마이크로소프트의 수석 부사장을 맡고 있던 인물이다.

주요 표현 확인

hear the feedback from
~에게 피드백을 듣다

emerging
새롭게 ~하기 시작한, 떠오르는

first-grade 1학년, 1학년의

exhaust one's option
~의 선택지를 다 써 버리다

take a look at ~을 살펴보다

change the trajectory of
~의 궤도를 바꾸어 놓다

collectively 공동으로, 단결하여

come together to
~하기 위해 협력하다, 힘을 합쳐서 ~하다

the generation to come
다음 세대, 차세대

핵심 패턴 연습

- **aim to** ~하려고 하다, ~을 목표로 하다

  We **aim to** improve our service quality.
  우리는 서비스 품질을 향상시키는 것을 목표로 한다.

  The campaign **aims to** raise awareness about climate change.
  이 캠페인은 기후 변화에 대한 인식 제고를 목표로 한다.

- **seek help for** ~에 대해 도움을 구하다

  They **sought help for** their financial problems.
  그들은 재정적 어려움을 해결하기 위해 도움을 요청했다.

  Don't be afraid to **seek help for** your struggles.
  어려움에 처했을 때 도움을 구하는 것을 두려워하지 마라.

낭독 훈련

/ 끊어 읽기   ● 강세 넣기

This is something that we aim to address / with the OneNote Learning Tools / designed specifically / to help students with dyslexia. / But they can help students everywhere / with their reading / and writing skills. / It's been incredible to hear the feedback / from the teachers using this / to teach emerging first-grade readers, / or from parents / who have exhausted their options / seeking help for their dyslexic children / learning to read, / or about how a teacher in Macedonia / used the learning tools / to teach young students English.

We will take a look / at how these learning tools work, / and much more, / as Terry Myerson joins me today / to share more news.

To close, / I want everyone to imagine the world / we are building for tomorrow. / Just as my grandfather's opportunity / changed the trajectory of our family, / this is what inspires me: / How can we / collectively come together / to democratize educational opportunity / for every student, / both for this generation / and the generations to come? / Thank you all very, very much.

74 SPEECH 2

이 문제를 해결하고자, 우리는 난독증 학생들을 위해 특별히 설계된 '원노트' 학습 도구를 개발했습니다. 하지만 이 도구는 난독증이 있는 학생들뿐 아니라, 전 세계 모든 학생들의 읽기와 쓰기 능력 향상에도 도움을 줄 수 있습니다. 이 툴에 대한 사람들의 반응을 듣는 것은 정말 놀라운 경험이었습니다. 막 글을 배우기 시작한 1학년 아이들을 가르치는 교사부터, 난독증이 있는 자녀를 돕기 위해 온갖 방법을 다 써 본 부모님, 그리고 마케도니아에서 어린 학생들에게 영어를 가르치는 선생님까지, 정말 다양한 분들이 이 툴을 실제로 사용해 본 뒤의 반응을 들려주었습니다.

오늘 이 자리에서, 테리 메이어슨이 함께하며 이 학습 도구들이 어떻게 작동하는지, 그리고 그 외의 여러 소식들을 더 자세히 소개해 드릴 예정입니다.

마지막으로, 여러분 모두 우리가 만들어 가는 내일의 세상이 어떤 모습일지 한 번 상상해 보시길 바랍니다. 제 할아버지에게 주어졌던 기회가 저희 가족의 인생 궤적을 완전히 바꿔 놓은 것처럼, 바로 이런 변화는 늘 저에게 영감을 줍니다. 어떻게 하면 우리가 함께 힘을 모아 이 세대와 다음 세대를 위해, 모든 학생들을 위해 교육의 기회를 공평하게 나누어 줄 수 있을까요? 모두에게 진심으로 감사드립니다.

연설문 요약

저는 인도 시골 마을의 가난한 농부 집안 출신이에요. 제 증조할머니는 두 아들 중 단 한 명만 학교에 보낼 수 있는 형편이었죠. **증조할머니는 책임감이 강한 큰아들에게 돈을 벌게 하고, 사고뭉치였던 작은아들, 제 할아버지를 학교에 보냈어요.**

그 단 한 번의 기회가 우리 가족의 운명을 바꿨고, 결국 제가 마이크로소프트의 CEO가 될 수 있게 했어요. 그래서 저는 믿어요. **'재능'은 누구나 타고나지만, '기회'는 주어져야 한다는 것을요.**

기술은 바로 그 기회를 만들어야 합니다. 단지 몇몇 학생을 위해서만이 아니라, 모든 학생을 위해서요. 그래서 마이크로소프트는 원노트 러닝 툴로 난독증 학생들의 읽기·쓰기 능력을 돕고 있습니다. **장애가 있는 아이, 학습에 어려움이 있는 아이, 누구든 꿈을 꿀 수 있어야 해요.**

이제는 여러분이 그 기회의 씨앗이 될 차례예요. 내일의 세상을 만드는 건 바로 여러분입니다.

I come from a poor farming family in rural India. My great-grandmother could only afford to send one of her two sons to school. **She chose the younger son—my grandfather—even though he was seen as less responsible, while the older son went to work to support the family.**

That single opportunity changed the course of our family. It eventually allowed me to become the CEO of Microsoft. So I truly believe this: **Talent is innate to all, but opportunity must be given.**

Technology must be a tool that creates opportunities for all students, not just a few. So, at Microsoft, we use OneNote Learning Tools to support students with dyslexia to build their reading and writing skills. **Every child—including those with disabilities or learning differences—deserves to dream.**

Now it's your turn to create opportunities for others. You are the ones who will build the world of tomorrow.

주제 토론

1 사티아 나델라는 기술은 도구일 뿐이고, 진정한 변화를 만드는 것은 선생님, 부모님, 그리고 학생들과 같은 '사람'이라고 말합니다. 여러분 인생에서 여러분을 변화시킨 사람이 있나요? 그 사람은 누구이며, 여러분의 삶을 어떻게 변화시켰나요?

Satya Nadella said technology is just a tool, but it's people like teachers, parents, and students who make real change. Is there someone in your life who has changed you? Who are they, and how did they impact your life?

2 AI나 자율주행 자동차 같은 기술은 예전에 없던 새로운 기술이에요. 이런 기술들이 미래 사회를 어떻게 바꿀까요? 어떤 직업이 사라지고, 어떤 직업이 인기를 끌까요?

Technologies like AI and self-driving cars didn't exist in the past. How do you think these new technologies will change our future society? What kinds of jobs will disappear, and what new jobs will become popular?

주제 토론 ❷ 예시 답변

AI와 자율주행 자동차 같은 기술이 발전하면서, 미래에 사라질 수도 있는 직업들이 있다고 생각해요. 예를 들어, 택시나 버스 운송업처럼 운전이 주 업무인 직업은 자율주행 자동차로 대체될 수 있어요. 또 택배업처럼 물건을 배달하는 일도 드론이나 로봇이 대신할 수 있고요. 반대로, AI가 쉽게 대신할 수 없는 직업은 더 중요해질 거예요. 예를 들어, 도배나 장판 등을 시공하는 인테리어 기술자, 헤어 스타일을 만드는 미용사 같은 직업은 사라지지 않을 것 같아요.

SPEECH 3

Denzel Washington's Speech at University of Pennsylvania, 2011

덴절 워싱턴 펜실베이니아 대학교 졸업식 축사, 2011

덴절 워싱턴(Denzel Washington)은 미국의 유명 배우이자 영화감독이다. 대표작으로는 '말콤 X'와 '허리케인 카터' 등이 있다.

그는 2011년 펜실베이니아 대학교 졸업식 연설에서 "앞으로 넘어져라(Fall forward)"라고 역설하며, 실패할 용기와 도전하는 자세의 중요성을 일깨워 주었다. 실패는 두려움의 대상이 아니라 성장과 기회의 발판이므로 열린 자세로 위험을 감수하고, 세상에 나가 도움이 필요한 곳에 자신의 재능과 사랑을 아낌없이 나누라고 조언했다.

덴절 워싱턴 펜실베이니아 대학교 졸업식 축사

I'm honored and grateful for the invitation today. It's always been great to be on the Penn[1] campus. I've been here many times before for basketball games. My son played at the Palestra[2]. He **played on the basketball team**.

I'll **be honest with** you. I'm a little nervous. **I'm not used to** speaking at a graduation of this **magnitude**. It's a little **overwhelming**. It's **out of my comfort zone**.

I was thinking about this speech—what I should say. Here it is. I found that nothing in life is **worthwhile unless** you take risks. Nothing. Nelson Mandela[3] said, "There is no passion to be found playing small and **settling for** a life that's **less than** the one you**'re capable of** living."

---

1 Penn 펜. 펜실베이니아 대학교의 약어이자 별칭.
2 Palestra 팔레스트라. 고대 그리스·로마의 체육 학교이자 체육관의 명칭에서 따온 펜실베이니아 대학교의 농구 경기장 이름이다.
3 Nelson Mandela 넬슨 만델라. 남아프리카공화국 최초의 흑인 대통령이자 흑인 인권 운동가로, 세계 인권 운동의 상징적인 존재이다.

주요 표현 확인

play on the basketball team
농구팀 소속 선수로 경기를 하다

be honest with someone
~에게 솔직해지다

magnitude 규모

overwhelming 벅찬, 부담스러운

worthwhile 가치 있는

unless ~하지 않으면

settle for 적당히 ~에 만족하다

less than ~보다 덜한, ~보다 적은

be capable of ~할 수 있다

핵심 패턴 연습

- **be used to** ~에 익숙하다

    I **am used to** getting up early now.
    나는 이제 일찍 일어나는 것에 익숙하다.

    We all **are used to** having video conferences.
    우리 모두는 화상 회의에 익숙하다.

- **out of one's comfort zone**
  ~에게 익숙한 환경에서 벗어난, 자신의 안전지대에서 벗어난

    Many people want to avoid being **out of their comfort zone**.
    많은 사람들은 자신의 안전지대를 벗어나는 것을 피하려 한다.

    She was way **out of her comfort zone**, but she kept trying new things.
    그녀는 익숙한 환경에서 완전히 벗어나 있었지만, 계속해서 새로운 것들에 도전했다.

낭독 훈련

/ 끊어 읽기   ● 강세 넣기

I'm **ho**nored and **gra**teful / for the invi**ta**tion to**day**. / It's **al**ways been **great** / to be on the **Penn cam**pus. / I've **been** here **ma**ny times be**fore** / for **bas**ketball games. / My **son play**ed at the Pa**les**tra. / He **play**ed on the **bas**ketball team.

I'll be **ho**nest with you. / I'm a **lit**tle **ner**vous. / I'm **not u**sed to **speak**ing at a gradu**a**tion / of this **mag**nitude. / It's a **lit**tle over**whelm**ing. / It's **out** of my **com**fort zone.

I was **think**ing about this **speech** / —**what** I should **say**. / **Here** it is. / I **found** that **no**thing in **li**fe is **worth**while / un**less** you take **risks**. / **No**thing. / **Nel**son Man**de**la said, / "There is **no pas**sion to be **found** playing **small** / and **set**tling for a **li**fe / that's **less** than the **one** / you're **ca**pable of **li**ving."

오늘 이 자리에 초대받아 매우 영광이고 감사하게 생각합니다. 펜실베이니아 대학교 캠퍼스에 오는 것은 언제나 즐겁습니다. 저는 예전에도 농구 경기를 보러 여러 번 이곳에 왔습니다. 제 아들이 팔레스트라에서 경기를 했고, 학교 농구팀에서 뛰기도 했거든요.

솔직히 말씀드리면, 지금 약간 긴장됩니다. 이렇게 큰 규모의 졸업식에서 연설하는 게 익숙하지 않거든요. 조금 압도되는 느낌도 듭니다. 이건 정말이지 제게 낯선 경험입니다.

저는 오늘 연설에서 무슨 말을 해야 할지 곰곰이 생각해 봤습니다. 그리고 답을 찾았습니다. 그것은 바로 '위험을 감수하지 않으면, 인생에서 가치 있는 것을 얻지 못한다.'였습니다. 정말 아무것도 얻지 못합니다. 넬슨 만델라는 이렇게 말했습니다. "자신이 할 수 있는 것보다 작은 삶에 안주하면, 그곳에서는 열정을 찾을 수 없다."

SPEECH 3-2 덴절 워싱턴 펜실베이니아 대학교 졸업식 축사

I'm sure in your experiences in school, **applying to** college, **picking your major**, and deciding what you want to do with life, people have told you, "**Make sure** you've got something to **fall back on**, honey." But I never understood that concept. If I'm going to fall, I don't want to **fall back on** anything except my faith. I want to **fall forward**. I figure **at least** this way, I'll see what I'm going to hit.

Fall forward. This is what I mean. Reggie Jackson[1] **struck out** 2,600 times in his career, the most in the history of baseball, but you don't **hear about** the strikeouts. People remember the home runs. **Fall forward**. Thomas Edison[2] **conducted** 1,000 failed **experiments**. Did you know that? I didn't know that. Because the 1,001st was the light bulb. **Fall forward**.

Every failed experiment **is one step closer to** success. You've got to take risks. And I'm sure you've probably heard that before, but I want to talk to you about why that's so important. I've got three reasons.

---

1 Reggie Jackson 레지 잭슨. 미국의 전설적인 메이저 리그 베이스볼 우익수. 뉴욕 양키스 등에서 활약하며 통산 563홈런을 기록하고 명예의 전당에 이름을 올렸다.
2 Thomas Edison 토머스 에디슨. 백열전구의 상용화를 비롯해 축음기, 영사기 등을 개발한 미국의 발명가이자 기업인. 무려 1,000종이 넘는 발명 특허를 보유해 흔히 '발명왕'으로도 불린다.

주요 표현 확인

apply to ~에 지원하다, ~에 신청하다
pick one's major ~의 전공을 선택하다
fall forward 앞으로 넘어지다, 앞으로 나아가다
at least 최소한
strike out 삼진당하다, 실패하다

hear about ~에 대해 들어 보다, ~에 대해 들어서 알다
conduct an experiment 실험을 진행하다
be one step closer to ~에 한 걸음 더 가까워지다

핵심 패턴 연습

- **make sure** 확실하게 하다, 확인하다

  Make sure you lock the door before you leave.
  나갈 때 문 잠그는 것을 꼭 확인해라.

  Make sure to double-check your answers on the answer sheet.
  답안지에 적은 답을 다시 한번 꼭 확인해라.

- **fall back on** (마지막 수단으로) ~에 의지하다, 마지막 보루로 남겨 두다

  If I lose my job, I will have to **fall back on** some savings.
  만약 해고를 당하면, 나는 조금 저축해 놓은 돈에 의지해야 할 것이다.

  She doesn't have anyone to **fall back on** financially.
  그녀는 경제적으로 의지할 사람이 아무도 없다.

낭독 훈련

/ 끊어읽기   ● 강세넣기

I'm **sure** in your ex**pe**riences in **school**, / ap**ply**ing to **col**lege, / **pick**ing your **ma**jor, / and de**ci**ding **what** you want to **do** with **life**, / **peo**ple have **told** you, / "**Make sure** you've **got** something / to fall **back** on, / honey." / But I **ne**ver under**stood** that **con**cept. / If I'm going to **fall**, / I **don't** want to fall **back** / on **a**nything ex**cept** my **faith**. / I want to **fall for**ward. / I **fi**gure at **least this** way, / I'll **see what** I'm going to **hit**.

Fall forward. / **This** is what I **mean**. / **Reg**gie **Jack**son / struck **out** 2,**600** times / in his ca**reer**, / the **most** in the **his**tory of **ba**seball, / but you **don't** hear about the **stri**keouts. / **Peo**ple re**mem**ber the **ho**me runs. / **Fall for**ward. / **Tho**mas Edison / con**duct**ed 1,**000 fail**ed ex**pe**riments. / Did you **know** that? / **I** didn't **know** that. / Because the **1,001st** / was the **light** bulb. / **Fall for**ward.

Every **fail**ed ex**pe**riment / is **one** step **clo**ser to suc**cess**. / You've **got** to take **risks**. / And I'm **sure** / you've **pro**bably **heard** that be**fore**, / but I **want** to **talk** to you about / **why** that's **so** im**por**tant. / I've **got three** reasons.

여러분도 학교 생활을 하면서, 대학에 지원하고, 전공을 정하고, 앞으로 무엇을 하고 싶은지 고민할 때 분명 이런 말을 들어 봤을 겁니다. "얘야, 혹시 모르니, 무너져도 기댈 수 있는 무언가는 마련해 두렴." 하지만 저는 그 말을 전혀 이해할 수 없었습니다. 만약 제가 넘어지게 된다면, 저는 제 신앙 외에는 그 어떠한 것에도 의지하고 싶지 않습니다. 저는 '뒤로 넘어지는 것'이 아니라 '앞으로 넘어지고' 싶습니다. 적어도 그렇게 하면, 제가 어디에 부딪히는지는 볼 수 있으니까요.

앞으로 넘어지세요. 제 말은 이런 뜻입니다. 야구 선수 레지 잭슨은 선수 생활 동안 삼진을 2,600번이나 당했습니다. 이는 야구 역사상 가장 많은 기록이죠. 하지만 사람들은 그가 삼진을 얼마나 많이 당했는지는 기억하지 않습니다. 홈런을 친 것만 기억하죠. 앞으로 넘어지세요. 토머스 에디슨은 1,000번이나 실험에 실패했습니다. 이 사실을 아셨나요? 저는 몰랐어요. 왜냐하면 1,001번째 실험이 바로 전구를 발명한 순간이었으니까요. 앞으로 넘어지세요.

모든 실패한 실험은 성공에 한 걸음 더 가까워지는 과정입니다. 여러분은 반드시 위험을 감수해야 합니다. 이런 이야기는 이미 이전에도 여러 번 들어 봤을 거예요. 하지만 저는 오늘, 위험을 감수하는 것이 왜 그렇게 중요한지, 그 이유를 꼭 말씀드리고 싶습니다. 여기 세 가지 이유가 있습니다.

SPEECH 3-3 덴절 워싱턴 펜실베이니아 대학교 졸업식 축사

First, you will fail at some point in your life. Accept it. You will lose. You will **embarrass yourself**. **There's no doubt about it**. But embrace it because it's **inevitable**. I should know. In the **acting business**, you fail all the time.

Early on in my career, I **auditioned for** a **part** in a Broadway[1] musical. Perfect role for me, **except for the fact that** I can't sing. So, **I'm about to go on stage**, but the guy in front of me, he's singing like Pavarotti[2], and he's just going on. And I'm just shrinking, getting smaller. So I start singing. And they're not saying anything.

I didn't get the job. But I didn't quit. I didn't fall back. I **walked out of** there to prepare for the next audition, and the next, and the next. I prayed, and prayed, and prayed. But I continued to fail. But it didn't matter, because there's an **old saying**: "You **hang around** the barbershop long enough, **sooner or later**, you're going to **get a haircut**." So, you will **catch a break**. And I did **catch a break**.

---

1 Broadway 브로드웨이. 미국 뉴욕 맨해튼을 남북으로 가로지르는 큰길로, 극장이 밀집되어 있어 연극과 뮤지컬의 중심지로 불린다.
2 Pavarotti 루치아노 파바로티(Luciano Pavarotti). '세계 3대 테너' 중 한 명으로 불리던 이탈리아의 전설적인 성악가이다.

주요 표현 확인

embarrass oneself 스스로를 창피하게 하다

inevitable 불가피한, 필연적인

acting business 배우들의 직업 세계

early on 초기에

audition for ~을 위해 오디션을 받다

part 배역, 역할

except for the fact that ~라는 사실을 제외하고

be about to 곧 ~할 예정이다, 막 ~하려는 참이다

go on stage 무대에 올라서다

walk out of ~을 걸어 나오다

old saying 속담, 옛말

hang around ~을 서성거리다, ~에서 시간을 보내다

sooner or later 결국에는, 머지않아, 언젠가는

get a haircut 머리를 자르다

핵심 패턴 연습

- **There's no doubt about** ~에 대해 의심의 여지가 없다

  There's no doubt about her talent.
  그녀의 재능에 대해서는 의심의 여지가 없다.

  There's no doubt about the fact that this is a great opportunity.
  이것이 정말 좋은 기회라는 사실에 대해서는 의심의 여지가 없다.

- **catch a break** 기회를 잡다, 행운을 얻다

  She finally **caught a break** in her career.
  그녀는 마침내 자신의 커리어에서 기회를 잡았다.

  I can't seem to **catch a break** these days.
  요즘은 운이 잘 따르지 않는 것 같다.

낭독 훈련

/ 끊어 읽기   ● 강세 넣기

First, / you will fail / at some point in your life. / Accept it. / You will lose. / You will embarrass yourself. / There's no doubt about it. / But embrace it / because it's inevitable. / I should know. / In the acting business, / you fail all the time.

Early on in my career, / I auditioned for a part / in a Broadway musical. / Perfect role for me, / except for the fact that / I can't sing. / So, I'm about to go on stage, / but the guy in front of me, / he's singing like Pavarotti, / and he's just going on. / And I'm just shrinking, / getting smaller. / So I start singing. / And they're not saying anything.

I didn't get the job. / But I didn't quit. / I didn't fall back. / I walked out of there / to prepare for the next audition, / and the next, / and the next. / I prayed, / and prayed, / and prayed. / But I continued to fail. / But it didn't matter, / because there's an old saying: / "You hang around the barbershop long enough, / sooner or later, / you're going to get a haircut." / So, / you will catch a break. / And I did catch a break.

첫째, 여러분은 언젠가 반드시 인생에서 실패를 경험하게 될 겁니다. 이 사실을 받아들이세요. 여러분은 질 때도 있고, 창피를 당할 때도 있을 겁니다. 이건 의심의 여지가 없습니다. 하지만 그런 실패도 모두 품으세요. 왜냐하면, 실패는 피할 수 없는 일이기 때문입니다. 제가 잘 압니다. 배우라는 직업 세계에서는 항상 실패를 경험하게 되니까요.

제가 배우로 데뷔했던 초창기에, 브로드웨이 뮤지컬의 한 배역에 오디션을 본 적이 있습니다. 저에게 딱 어울리는 역할이었죠. 제가 노래를 못한다는 한 가지 사실만 빼면요. 제가 무대에 오르기 직전에, 제 앞 순서인 남자가 파바로티처럼 노래를 부르는 거예요. 그는 계속해서 노래를 불렀어요. 저는 점점 위축되고 작아졌죠. 결국 저도 무대에 올라 노래를 시작했는데, 심사위원들은 아무 말도 하지 않았어요.

결국 저는 그 배역을 따내지 못했습니다. 하지만 포기하지 않았습니다. 뒤로 물러서지도 않았어요. 저는 그곳을 나와 곧바로 다음 오디션을 준비했습니다. 그리고 다음, 또 그다음 오디션을 준비했죠. 저는 기도하고 또 기도했습니다. 그래도 계속 실패했습니다. 하지만 실패는 중요하지 않았습니다. 왜냐하면 옛말에 이런 말이 있으니까요. "이발소에 오래 앉아 있다 보면, 언젠가는 머리를 깎게 된다." 즉, 언젠가 기회가 온다는 뜻입니다. 그리고 저에게도 결국 그 기회가 찾아왔습니다.

SPEECH 3-4 덴절 워싱턴 펜실베이니아 대학교 졸업식 축사

Last year, I **did a play** called "Fences"[1] on Broadway. Someone talked about it. I won the Tony Award[2]. And I didn't have to sing, by the way. But here's the **kicker**. It was at the Cort Theatre. It was at the same theater where I **failed** that first **audition**, **30 years prior**.

The point is, every **graduate** here today has the training and the talent to succeed. But do you **have the guts** to fail? Here's my second point about failure. If you don't fail, you're not even trying. My wife told me this **great expression**: "To get something you never had, you have to do something you never did."

You've invested a lot in your education, and people have invested in you. And let me tell you, the world needs your talents. **Man, does it ever**. I just **got back from** South Africa. It's a beautiful country, but there are places there with terrible **poverty** that need help.

---

1 **Fences** '펜스'. 미국의 극작가 오거스트 윌슨(August Wilson)의 대표작으로, 1950년대 미국에서 인종 차별로 꿈을 좌절당한 흑인 가장이 겪는 가족 간의 갈등과 애환을 그리고 있다.
2 **Tony Award** 토니상. 연극 및 뮤지컬 분야에서 가장 권위 있는 상으로, 매년 브로드웨이에서 공연된 우수 작품과 배우들에게 시상한다.

주요 표현 확인

do a play 연극에 출연하다, 공연하다
kicker 반전 포인트
fail an audition 오디션에서 떨어지다, 오디션에 불합격하다
30 years prior 30년 전에

graduate 졸업생
great expression 멋진 명언
Man, does it ever. (강조하는 말투) 정말 그렇지. 진짜 그렇다니까.
poverty 가난, 빈곤, 부족

핵심 패턴 연습

- **have the guts to** ~할 용기가 있다, ~할 배짱이 있다

  Do you **have the guts to** say that in front of everyone?
  모두 앞에서 그 말을 할 용기가 있나요?

  She **had the guts to** quit her job and start her own business.
  그녀는 직장을 그만두고 창업할 배짱이 있었다.

- **get back from** ~에서 돌아오다, ~에서 귀환하다

  My son just **got back from** school.
  아들이 학교를 갔다가 방금 집에 왔다.

  She **got back from** her trip yesterday.
  그녀는 어제 여행에서 돌아왔다.

낭독 훈련

/ 끊어 읽기   ● 강세 넣기

Last year, / I **did** a **play** / called "**Fen**ces" on **Broad**way. / **Some**one **talk**ed about it. / I **won** the **To**ny A**ward**. / And I **didn't** have to **sing**, / by the way. / But **here's** the **kick**er. / It was at the **Cort** Theatre. / It was at the **sa**me **the**ater / where I **fail**ed that **first** au**di**tion, / **30** years **pri**or.

The **point** is, / **e**very **gra**duate here to**day** / has the **train**ing / and the **ta**lent to suc**ceed**. / But **do** you have the **guts** to **fail**? / **Here's** my **se**cond point about **fai**lure. / If you **don't fail**, / you're **not** even **try**ing. / My **wi**fe told me this **great** ex**pres**sion: / "To **get** something you **ne**ver **had**, / you **ha**ve to **do** something / you **ne**ver **did**."

You've in**vest**ed a **lot** / in your edu**ca**tion, / and **peo**ple have in**vest**ed in you. / And **let** me **tell** you, / the **world needs** your **ta**lents. / **Man**, / does it **e**ver. / I **just** got **back** from **South A**frica. / It's a **bea**utiful **coun**try, / but there are **pla**ces there / with **ter**rible **po**verty that **need help**.

작년에 저는 브로드웨이에서 '펜스'라는 연극에 출연했습니다. 아마 누군가 그 연극에 대해 이야기해서 들어 보신 분도 계실 거예요. 저는 그 작품으로 토니상을 받았죠. 그리고 참고로, 거기서는 노래를 부르지 않아도 됐습니다. 그런데 여기 놀라운 반전이 하나 있습니다. 그 연극은 '코트 극장'이라는 데서 상연됐는데, 그곳은 바로 제가 30년 전에 처음 오디션을 보고 떨어졌던 그 극장이었죠.

여러분에게 드리고 싶은 말의 요점은 이겁니다. 오늘 이 자리에 있는 모든 졸업생 여러분은 성공할 수 있는 훈련을 받았고 재능도 갖추고 있습니다. 하지만, 여러분은 실패할 용기가 있나요? 실패에 대해 제가 말하고 싶은 두 번째 포인트는 바로 이겁니다. 만약 여러분이 실패하지 않는다면, 지금 여러분은 시도조차 하지 않고 있다는 뜻입니다. 제 아내가 해 준 멋진 말이 있어요. "한 번도 가져 본 적 없는 것을 가지려면, 한 번도 해 본 적 없는 일을 해야 한다."

여러분은 교육에 많은 투자를 했고, 또 많은 사람들이 여러분에게 투자를 했습니다. 그리고 세상은 여러분의 재능을 필요로 합니다. 정말 간절하게 필요로 합니다. 저는 얼마 전, 남아프리카 공화국에 다녀왔습니다. 남아프리카 공화국은 정말 아름다운 나라이지만, 도움이 절실한 심각한 빈곤 지역도 존재합니다.

덴절 워싱턴 펜실베이니아 대학교 졸업식 축사

Africa is just **the tip of the iceberg**. The Middle East needs your help. Japan needs your help. Alabama needs your help. Tennessee needs your help. Louisiana needs your help. Philadelphia needs your help. The world needs a lot, and we need it from you. We really do. We need it from you, young people. So you've got to **get out there**. You've got to **give it everything** you **got**, whether it's your time, your talent, your prayers, or your treasures. Because remember this: you will never see a U-Haul[1] behind a **hearse**. You can't take it with you.

The question is, what are you going to do with what you have? Some of you have money. Some of you **have patience**. Some of you have kindness. Some of you have love. Some of you **have the gift of long-suffering**. Whatever it is, whatever your gift is, what are you going to do with what you have?

Sometimes failure is **the best way to figure out** where you're going. Your life will never be a straight path.

---

1 U-Haul 유홀. 미국과 캐나다에서 가장 잘 알려진 이삿짐 보관 및 트럭 렌탈 회사의 이름이다. 미국에서는 유홀이 이삿짐 트럭의 대명사처럼 사용된다.

주요 표현 확인

get out there 세상 밖으로 나가 도전하다

hearse 영구차, 장의차

the question is 문제는 ~이다, 관건은 ~이다

have patience 인내심을 가지다

have the gift of ~라는 타고난 재능을 가지고 있다

long-suffering 참을성, 고통을 오랫동안 견디는 의지

the best way to ~하는 최고의 방법

figure out 파악하다

핵심 패턴 연습

- **the tip of the iceberg** 빙산의 일각

    What we see is only **the tip of the iceberg**.
    우리가 보는 것은 빙산의 일각일 뿐이다.

    The complaints we received are just **the tip of the iceberg**.
    우리가 받은 불만 접수 건들은 빙산의 일각에 불과하다.

- **give it everything someone got**
  ~가 가진 모든 것을 쏟아붓다

    In the final round, she **gave it everything** she **got**.
    그녀는 마지막 라운드에서 그녀가 가진 모든 것을 쏟아부었다.

    This is your last chance. **Give it everything** you **got**!
    이번이 너의 마지막 기회이다. 네가 가진 모든 것을 쏟아부어라!

낭독 훈련

/ 끊어 읽기   ● 강세 넣기

Africa / is just the tip of the iceberg. / The Middle East / needs your help. / Japan needs your help. / Alabama needs your help. / Tennessee needs your help. / Louisiana needs your help. / Philadelphia needs your help. / The world needs a lot, / and we need it from you. / We really do. / We need it from you, / young people. / So you've got to get out there. / You've got to give it / everything you got, / whether it's your time, / your talent, / your prayers, / or your treasures. / Because remember this: / you will never see a U-Haul / behind a hearse. / You can't take it with you.

The question is, / what are you going to do / with what you have? / Some of you have money. / Some of you have patience. / Some of you have kindness. / Some of you have love. / Some of you have the gift of long-suffering. / Whatever it is, / whatever your gift is, / what are you going to do / with what you have?

Sometimes failure is the best way / to figure out where you're going. / Your life will never be a straight path.

아프리카는 그저 빙산의 일각에 불과합니다. 중동도 여러분의 도움이 필요합니다. 일본도 도움이 필요합니다. 앨라배마, 테네시, 루이지애나, 필라델피아도 여러분의 도움이 필요합니다. 이 세상은 정말 많은 것을 필요로 하고, 여러분이 그 필요를 채워 줘야 합니다. 정말입니다. 젊은 여러분, 바로 여러분이 필요합니다. 그러니 이제 여러분은 세상 밖으로 나가야 합니다. 여러분이 가진 모든 것을 쏟아부어야 합니다. 그것이 여러분의 시간이든, 재능이든, 기도이든, 보물이든 말입니다. 왜냐하면, 이 점을 꼭 기억하세요. 영구차 뒤에 이삿짐 트럭이 따라가는 걸 본 적 있나요? 없습니다. 그래요, 여러분은 세상을 떠날 때 빈손으로 갑니다.

진짜 중요한 질문은, '내가 가진 것으로 무엇을 할 것인가?'입니다. 여러분 중에는 돈이 많은 사람도 있을 겁니다. 인내심이 많은 사람도 있고, 친절이나 사랑이 넘치는 사람도 있을 겁니다. 오랜 고통을 견디는 재능을 가진 사람도 있을 테죠. 그게 무엇이든, 여러분의 재능이 무엇이든 간에, 여러분은 자신이 가진 것으로 무엇을 할 건가요?

때로는 실패야말로 여러분이 어디로 가야 할지를 찾는 가장 좋은 방법이 될 것입니다. 여러분의 인생은 결코 직선으로만 뻗어 있지 않을 것입니다.

SPEECH 3-6 덴절 워싱턴 펜실베이니아 대학교 졸업식 축사

I began at Fordham University[1] as a **pre-med** student. I couldn't pass it. Then I decided to go into **pre-law**, then **journalism**. And **with no academic focus**, my grades took off **in their own direction**. Yeah, down. I had a 1.8 **GPA** one semester. The university very politely suggested that it might be better to take some time off. I was 20 years old. I was **at my lowest point**.

Then one day, I was helping my mother in her beauty shop. And there was this older woman who just kept looking at me. She said, "Young boy, I **have a prophecy**, a spiritual prophecy." She said, "You are going to travel the world and speak to millions of people."

Now mind you, I'm 20 years old. I **flunked out of school**. But maybe she **was onto something**. Because later that summer, while working as a counselor at a YMCA[2] camp in Connecticut, we **put on** a talent show for the campus. After the show, another counselor came up to me and asked, "Have you ever thought about acting? You**'re good at** that."

---

1 Fordham University 포덤 대학교. 미국 뉴욕주 뉴욕시에 있는 사립 종합 대학교.
2 YMCA Young Man's Christian Association의 약자이며, '기독교 청년회'로도 불리는 국제 단체이다. 운동 시설 운영, 기술 강습, 인도주의 활동 등 청소년과 지역사회를 위한 다양한 복지 및 개발 프로그램을 제공한다.

주요 표현 확인

pre-med 의과 대학 준비 과정, 의예과
pre-law 법학 전문 대학원 준비 과정
journalism 언론학
with no academic focus 학문적 방향성 없이
in one's own direction 자신만의 방향으로, 제멋대로

GPA 평점(= Grade Point Average)
have a prophecy 예언하다, 예언이 있다
flunk out of school 성적 부진으로 학교에서 퇴학당하다
put on 상연하다, 공연을 열다
be good at ~에 능숙하다, ~을 잘하다

핵심 패턴 연습

- **at one's lowest point**
  ~의 인생에서 가장 힘든 시기에, 인생의 바닥에서

  She **was at her lowest point** after her business failed.
  그녀는 사업에 실패한 후 인생에서 가장 힘든 시기를 겪었다.

  Even **at my lowest point**, my family supported me.
  내 인생 가장 힘든 시기에도, 가족들은 나에게 힘이 되어 주었다.

- **be onto something** 무언가를 알아내다, 감을 잡다

  She **was onto something**, but no one believed her.
  그녀는 무언가 중요한 것을 알아냈지만, 아무도 그녀를 믿지 않았다.

  I think **I'm onto something**!
  나 뭔가 감이 잡히는데!

낭독 훈련

/ 끊어읽기   ● 강세 넣기

I be**gan** at **Ford**ham Uni**ver**sity / as a pre-**med** student. / I **couldn't pass** it. / **Then** I de**ci**ded to go into pre-**law**, / then **jour**nalism. / And with **no** aca**de**mic **fo**cus, / my **gra**des took **off** / in their **own** di**rec**tion. / Yeah, / **down**. / I had a 1.8 **GPA** / one se**mes**ter. / The uni**ver**sity very po**li**tely sug**gest**ed / that it might be **bet**ter / to take some **time off**. / I was **20** years **old**. / I was at my **low**est **point**.

Then **one** day, / I was **help**ing my **mo**ther / in her **bea**uty shop. / And there was this **old**er **wo**man / who **just** kept **look**ing at me. / She said, / "**Young** boy, / I have a **pro**phecy, / a **spi**ritual **pro**phecy." / She said, / "**You** are going to **tra**vel the **world** / and **speak** to **mil**lions of **peo**ple."

Now **mind** you, / I'm **20** years **old**. / I **flunk**ed out of **school**. / But **may**be she was **on**to **so**mething. / Because **la**ter that **sum**mer, / while **work**ing as a **coun**selor / at a **YMCA camp** in Con**nec**ticut, / we put **on** a **ta**lent show / for the **cam**pus. / **Af**ter the **show**, / a**no**ther **coun**selor / came **up** to me and **ask**ed, / "Have you **e**ver thought about **act**ing? / You're **good** at that."

처음에 저는 포덤 대학교에서 의대 준비생으로 대학 생활을 시작했습니다. 하지만 그 과정을 통과하지 못했습니다. 그래서 법학으로 진로를 바꿨다가, 언론학으로 전공을 변경했습니다. 그러나 한 전공에 제대로 집중을 못 하다 보니, 제 학점은 결국 제멋대로 날뛰더군요. 네, 성적이 바닥으로 떨어졌습니다. 어떤 학기에는 평점 1.8점을 받았습니다. 학교 측에서는 제게 잠시 휴학을 하는 것이 좋지 않겠냐고 아주 정중하게 제안했습니다. 그때 저는 스무 살이었습니다. 제 인생의 바닥을 쳤던 시기이죠.

그러던 어느 날, 저는 어머니의 미용실에서 일을 도와드리고 있었습니다. 그런데 거기 계시던 한 나이 든 여성분이 계속해서 저를 바라보시는 거예요. 그러더니 그분이 제게 이렇게 말씀하셨습니다. "젊은이, 내가 예언 하나 하지. 영적인 예언이야." 그리고 "자네는 앞으로 전 세계를 여행하고 수백만 명 앞에서 연설을 하게 될 걸세."라고 하셨습니다.

자, 생각해 보세요. 당시 저는 스무 살이었습니다. 학교에서 낙제당했죠. 하지만 어쩌면 그분은 정말 무언가를 알고 계셨을지도 모르겠습니다. 왜냐하면 그해 여름, 저는 코네티컷에 있는 YMCA 캠프에서 상담사로 일했거든요. 거기서 우리 팀은 캠프 아이들을 위해 장기자랑 공연을 준비했어요. 공연이 끝난 후, 다른 상담사가 제게 다가와 이렇게 물었습니다. "배우 해 볼 생각 없어요? 연기 잘하던걸요."

덴절 워싱턴 펜실베이니아 대학교 졸업식 축사

So when I **got back to** Fordham that fall, I got in and I **changed my major** once again, **for the last time**. And **in the years that followed**, just as that woman **prophesied**, I have **traveled the world**, and I have spoken to millions of people through my movies.

Let me conclude with this one final point. Many years ago, I did this movie called "Philadelphia."[1] We **filmed some of the scenes** right here **on campus**.

"Philadelphia" came out in 1993. It's about a man, played by Tom Hanks[2], who **is fired from** his law firm because he has AIDS. If you watch the movie, you'll see everything I'm talking about today. You'll see what I mean about taking risks or being willing to fail, because taking risks **is not just about going for** a job. It's also about knowing what you know and what you don't know. It's about **being open to** people and to ideas.

---

1 Philadelphia '필라델피아'. 1993년에 개봉된 미국의 법정 영화. 변호사인 주인공이 에이즈(AIDS) 때문에 회사에서 부당 해고를 당하자 이에 맞서 소송을 진행하는 이야기로, 사회적 차별과 인권 문제를 깊이 있게 다루고 있다.
2 Tom Hanks 톰 행크스. 미국을 대표하는 배우 겸 감독. 영화 '필라델피아'와 '포레스트 검프'로 아카데미 남우주연상을 2회 연속 수상하였다.

주요 표현 확인

get back to ~로 돌아가다

change one's major ~의 전공을 바꾸다

for the last time 마지막으로

in the years that followed 그 후 몇 년 동안

prophesy 예언하다

travel the world 전 세계를 여행하다

film some of the scenes 일부 장면을 촬영하다

on campus 캠퍼스에서

be not just about 단지 ~에 대한 것이 아니다

go for ~을 노리다, -을 시도하다

핵심 패턴 연습

- **be fired from** ~에서 해고되다

  He **was fired from** the company due to security violations.
  그는 보안 규정을 어겨서 회사에서 해고되었다.

  She **was fired from** her job for sharing company secrets.
  그녀는 회사 기밀을 누설해서 해고되었다.

- **be open to** ~에 열려 있다

  As always, I**'m open to** new ideas.
  항상 그렇듯이, 나는 새로운 아이디어에 열려 있다.

  He**'s open to** working on weekends if necessary.
  필요하다면, 그는 주말 근무를 할 용의도 있다.

낭독 훈련

/ 끊어 읽기   ● 강세 넣기

So when I got **back** to **Ford**ham **that** fall, / I got **in** / and I **chan**ged my **ma**jor once a**gain**, / for the **last** time. / And in the **years** that **fol**lowed, / **just** as that **wo**man **pro**phesied, / I have **tra**veled the **world**, / and I have **spo**ken to **mil**lions of **peo**ple / through my **mo**vies.

Let me con**clu**de / with this **one fi**nal point. / **Ma**ny years a**go**, / I **did** this **mo**vie / called "Phila**del**phia." / We **film**ed **so**me of the **scenes** / **right** here on **cam**pus.

"Phila**del**phia" came **out** in **1993**. / It's about a **man**, / played by **Tom Hanks**, / who is **fi**red from his **law** firm / because he has **AIDS**. / If you **watch** the **mo**vie, / you'll **see e**verything I'm **talk**ing about to**day**. / You'll **see** what I **mean** about taking **risks** / or being **will**ing to **fail**, / because taking **risks** / is **not** just about **go**ing for a **job**. / It's **al**so about **know**ing what you **know** / and **what** you **don't** know. / It's about being **o**pen to **peo**ple / and to i**deas**.

그래서 그해 가을, 다시 포덤 대학교로 돌아갔을 때 저는 재입학에 성공했고, 전공을 다시 한번, 마지막으로 바꾸었습니다. 그리고 그 후 수년 동안, 그 여성분이 예언했던 것처럼, 저는 전 세계를 여행하며 영화를 통해 수백만 명 앞에서 이야기를 하게 되었습니다.

이제 마지막으로 한 가지를 더 말씀드리고 마무리하겠습니다. 몇 년 전, 저는 '필라델피아'라는 영화를 찍었습니다. 이 캠퍼스, 바로 여기서 몇 장면을 촬영했죠.

'필라델피아'는 1993년에 개봉했습니다. 이 영화는 에이즈(AIDS)에 걸렸다는 이유로 로펌에서 해고당하는 한 남자에 대한 이야기로, 그 역을 톰 행크스가 맡았습니다. 만약 여러분이 이 영화를 본다면, 오늘 제가 한 모든 이야기가 그 안에 담겨 있음을 알게 될 겁니다. 위험을 감수하는 것, 실패를 각오하는 것이 무엇을 의미하는지 알게 될 거예요. 위험을 감수한다는 것은 단지 원하는 직업에 도전하는 것만을 의미하지 않습니다. 그것은 자신이 무엇을 알고 있고, 무엇을 모르는지를 아는 것이기도 합니다. 또한, 다른 사람들과 새로운 생각에 마음을 여는 태도를 갖는 것이기도 합니다.

SPEECH 3-8 덴절 워싱턴 펜실베이니아 대학교 졸업식 축사

In the course of the film, the character I play **begins to take small steps**, small risks. He very, very, very slowly **begins to overcome his fears**. His heart becomes **flooded with** love.

Take risks, be open to life, **accept new views**, and be open to new opinions. While it may be **frightening**, it will also be **rewarding**. Because the chances you take, the people you meet, the people you love, the faith that you have—that's what's going to define you.

So, members of the Class of 2011, this is your mission: When you **leave the friendly confines of** Philly[1], never be discouraged, never **hold back**, give everything you've got. And when you fall **throughout life**, remember this: Fall forward. Congratulations. I love you. God bless you. I respect you.

---

1 Philly 필리. 미국 펜실베이니아주의 최대 도시인 필라델피아(Philadelphia)를 줄여서 부르는 애칭.

주요 표현 확인

begin to ~하기 시작하다
take small steps 작은 걸음을 내딛다
flooded with ~으로 넘쳐 나다
accept new views 새로운 관점을 받아들이다
frightening 무서운, 겁이 나는
rewarding 보람이 느껴지는
leave the friendly confines of ~의 익숙한 테두리[범주]에서 벗어나다
throughout life 인생 전반에 걸쳐

핵심 패턴 연습

- **overcome one's fears** ~의 두려움을 극복하다

    She gradually **overcame her fears** over time.
    그녀는 시간이 지남에 따라 점차 두려움을 극복했다.

    They have **overcome their fears** to get here.
    그들은 여기까지 오기 위해 두려움을 극복해 왔다.

- **hold back** 억누르다, 막다, 망설이다

    She tried to **hold back** her anger.
    그녀는 분노를 억누르려고 노력했다.

    He **held back** from signing the contract.
    그는 계약서에 서명하기를 망설였다.

낭독 훈련

/ 끊어 읽기   ● 강세 넣기

In the **course** of the **film**, / the **cha**racter I **play** / be**gins** to take small **steps**, / small **risks**. / He **ve**ry, very, **ve**ry **slow**ly / begins to over**co**me his **fears**. / His **heart** becomes **flood**ed with **lo**ve.

Take **risks**, / be **o**pen to **life**, / ac**cept** new **views**, / and be **o**pen to **new** o**pi**nions. / While it may be **frigh**tening, / it will **al**so be re**ward**ing. / Because the **chan**ces you **ta**ke, / the **peo**ple you **meet**, / the **peo**ple you **lo**ve, / the **faith** that you have / —**that**'s what's going to de**fi**ne you.

So, **mem**bers of the **Class** of **2011**, / **this** is your **mis**sion: / When you **leave** / the **fri**endly con**fi**nes of **Phil**ly, / **ne**ver be dis**cou**raged, / **ne**ver hold **back**, / give **e**verything you've **got**. / And when you **fall** through**out** **li**fe, / re**mem**ber this: / **Fall for**ward. / Congratu**la**tions. / I **lo**ve you. / **God bless** you. / I res**pect** you.

영화 속에서 제가 연기한 인물은 아주 작은 걸음부터 내딛기 시작합니다. 작은 위험을 감수하고, 아주아주 천천히 자신의 두려움을 극복해 나갑니다. 그리고 결국 그의 마음은 사랑으로 넘쳐 나게 됩니다.

위험을 감수하세요. 삶에 열린 자세로, 새로운 관점을 받아들이고, 새로운 의견에도 마음을 열어 보세요. 그렇게 행동하는 것이 두려울 수도 있겠지만, 보람도 있을 겁니다. 왜냐하면 여러분이 잡는 기회, 만나는 사람들, 사랑하는 사람들, 그리고 여러분이 가진 믿음이 바로 여러분을 정의하게 될 테니까요.

그러니, 2011년도 졸업생 여러분, 여기 여러분의 사명이 있습니다. 이제 이곳 필라델피아의 따뜻한 울타리를 벗어나 세상에 나갈 때, 결코 낙담하지 마세요. 주저하지 마세요. 여러분이 가진 모든 것을 다 쏟아부으세요. 그리고 앞으로 인생을 살아가다 넘어질 때면, 이 말을 꼭 기억하세요. "앞으로 넘어지세요." 축하합니다. 여러분을 사랑합니다. 신의 축복이 함께하기를 바랍니다. 여러분을 존경합니다.

연설문 요약

저는 배우가 되기 전, 수많은 오디션에서 떨어졌어요. 노래를 못하는데 뮤지컬에 도전했다가 망신도 당했죠. 하지만 **저는 뒤로 넘어지지 않았어요. 앞으로 넘어졌어요.** 그게 제 좌우명이에요. **"넘어져도 앞으로 넘어져라."** 그렇게 하면, 적어도 여러분이 어디에 부딪히는지는 볼 수 있거든요.

실패는 누구에게나 찾아와요. **중요한 건 포기하지 않는 거예요.**

한때 저는 대학에서 전공을 계속 바꾸고 성적도 바닥이었어요. 정말 앞날이 막막했죠. 그러던 어느 날, 어머니가 일하시는 미용실에서 잔일을 돕고 있었는데, 한 아주머니가 저를 가만히 보더니 말했어요. **"얘야, 넌 언젠가 수백만 사람들 앞에서 연설을 하게 될 거야."** 그 말이 이상하게 제 마음속에 남았고, 그해 여름 캠프에서 공연을 하며 **처음으로 연기를 진지하게 꿈꾸게 됐어요.**

실패해도 괜찮아요. 넘어져도 괜찮아요. **여러분의 재능을 세상을 위해 쓰세요. 그리고 넘어질 때는 꼭 앞으로 넘어지세요.**

Before I became an actor, I failed many auditions. I even tried out for a musical—though I can't sing—and totally embarrassed myself. But **I didn't fall back. I fell forward.** That became my motto: **"When you fall, fall forward."** At least this way, you'll see what you're going to hit.

Failure happens to everyone. **What matters is never giving up.**

There was a time when I kept switching majors, and my grades dropped badly. I felt completely lost. One day, while helping at my mom's beauty shop, an older woman looked at me and said, **"Young man, one day you will speak to millions of people."** That moment stuck with me. Later that summer, I performed in a camp talent show, and for the first time, **I began to seriously dream of becoming an actor.**

It's okay to fail. It's okay to fall. **Use your gift to serve the world. And when you fall—fall forward.**

주제 토론

1 덴절 워싱턴은 "앞으로 넘어져라."라고 말합니다. 이 말의 의미는 무엇인가요? 여러분은 "앞으로 넘어진" 경험이 있나요? 실패했지만 그 과정에서 뭔가를 배우거나 성장한 경험 말이에요.

Denzel Washington says, "Fall forward." What do you think this means? Have you ever had a "fall forward" experience—when you failed but still learned or grew from it?

2 덴절 워싱턴은 모든 사람에게 친절, 사랑, 재능 같은 특별한 능력이 있으며, 우리는 그 능력을 다른 사람을 돕는 데 써야 한다고 말합니다. 여러분은 다른 사람에게 친절을 베푼 적이 있나요? 또는 누군가의 친절 덕분에 기분이 좋아졌던 경험이 있나요? 언제, 어떤 일이 있었는지 이야기해 주세요.

Denzel Washington said everyone has a gift—kindness, love, talent—and we should use it to help others. Have you ever shown kindness to someone? Or has someone's kindness ever made you feel better? Can you share when it happened and what the situation was?

주제 토론 ❷ 예시 답변

하루는 학교에서 실수로 급식 쟁반을 엎어서 정말 당황했던 적이 있어요. 주변에 있던 몇몇 친구들이 그 상황을 보고 웃었는데, 한 친구가 말없이 다가와서 휴지를 건네주고 쏟아진 음식물을 같이 닦아 줬어요. 그때 그 친구의 행동 덕분에 창피한 기분이 많이 사라졌고, 마음이 따뜻해졌어요.

그날 이후, 저는 누군가 곤란한 상황에 있을 때 먼저 손을 내미는 사람이 되고 싶다고 생각하게 되었어요.

SPEECH 4

Natalie Portman's Speech at Harvard University, 2015

내털리 포트먼 하버드 대학교 졸업식 축사, 2015

내털리 포트먼(Natalie Portman)은 하버드대 출신의 배우이자 영화감독이다. 지성과 예술성을 겸비한 인물로도 유명하며, 대표작에는 '레옹', '블랙 스완' 등이 있다. 2015년 하버드 졸업식 연설에서, 그녀는 미숙함이 약점이 아닌 강점이 될 수 있다고 강조하며 사람들에게 용기와 자기 확신을 심어 주었다. 또한, 인생의 진정한 가치는 명예나 부와 같은 '거짓된 우상'이 아니라 '과정'과 '인간관계'에 있음을 일깨우며, 외적 성공보다 내적 동기를 따라 자신만의 길을 찾으라는 메시지를 전했다.

내털리 포트먼 하버드 대학교 졸업식 축사

I am so honored to be here today. Thank you so much for inviting me. I have to remind myself, "Today, you're here **for a reason**."

Today, I feel much like I did when I came to Harvard Yard[1] as a freshman in 1999. I felt like there had been some mistake, that I wasn't **smart enough to** be in this **company**, and that **every time** I opened my mouth, I would have to prove I wasn't just a **dumb actress**.

But I am here to tell you today: Harvard is giving you all **diplomas** tomorrow. You are here **for a reason**. Sometimes your insecurities and your **inexperience** may lead you, too, to embrace other people's **expectations**, standards, or values. But you can **harness** that **inexperience** to **carve out your own path**—a path that **is defined by** its own particular set of reasons.

---

1 **Harvard Yard** 하버드 야드. 하버드 대학교 캠퍼스에 있는 교정으로, 도서관, 신입생 기숙사, 강의실, 학과 사무실 등 주요 건물들이 위치해 있다. 하버드의 상징이자 가장 오래되고 중요한 장소로 알려져 있으며, 졸업식 등 각종 행사를 위한 장소로 사용되기도 한다.

주요 표현 확인

smart enough to ~할 만큼 똑똑하다
company 무리, 집단
every time ~할 때마다
dumb actress 멍청한 여배우
diploma 학위, 졸업장

inexperience 미숙함, 경험 부족
expectation 기대, 예상
harness (동력원으로) ~을 이용[활용]하다
carve out one's own path 자신만의 길을 개척하다

핵심 패턴 연습

- **for a reason** 그럴 만한 이유로, 이유가 있어서

    Everything happens **for a reason**.
    모든 일에는 다 그럴 만한 이유가 있다.

    Parents set rules for their children **for a reason**.
    부모가 자식이 따라야 할 규정을 정하는 데에는 이유가 있다.

- **be defined by** ~에 의해 정의되다, ~으로 특징지어지다

    You **are defined by** your words and your thoughts.
    사람은 자신의 말과 생각으로 규정된다.

    We **are** not **defined by** our mistakes.
    우리가 저지른 실수가 우리를 규정하는 것은 아니다.

낭독 훈련

/ 끊어 읽기 ● 강세 넣기

I am **so ho**nored / to **be** here to**day**. / **Thank** you **so** much for in**vi**ting me. / I have to re**mind** myself, / "To**day**, / you're **here** for a **rea**son."

To**day**, / I feel **much** like I **did** / when I came to **Har**vard Yard as a **fresh**man / in **1999**. / I **felt** like there had been some mis**take**, / that I **wasn't smart** enough / to be in this **com**pany, / and that **e**very time I **o**pened my **mouth**, / I would **ha**ve to **pro**ve / I **wasn't** just a **dumb act**ress.

But I am **here** to **tell** you to**day**: / **Har**vard is **gi**ving you **all** di**plo**mas to**mor**row. / You are **here** for a **rea**son. / **So**metimes / your inse**cu**rities and your inex**pe**rience / may **lead** you, too, / to em**bra**ce **o**ther people's expec**ta**tions, / **stan**dards, / or **va**lues. / But you can **har**ness that inex**pe**rience / to carve **out** your **own path** / —a **path** that is de**fi**ned / by its **own** par**ti**cular **set** of **rea**sons.

오늘 이 자리에 설 수 있어 정말 영광입니다. 저를 초대해 주셔서 진심으로 감사합니다. 저는 "네가 오늘 이 자리에 서게 된 데에는 분명 이유가 있어."라고 스스로에게 계속 상기시켰습니다.

저는 오늘, 제가 1999년에 신입생으로 하버드 야드에 처음 들어섰던 때와 매우 비슷한 감정을 느낍니다. 그때 저는 "이렇게 똑똑한 사람들 틈에 내가 껴 있다니, 뭔가 실수가 있었을 거야."라고 생각했죠. 그리고 제가 입을 열 때마다, 저는 그저 멍청한 배우가 아니라는 점을 증명해야만 할 것 같았습니다.

하지만 저는 오늘 여러분에게 다음과 같은 말을 전하고자 합니다. 하버드는 내일 여러분 모두에게 졸업장을 줄 겁니다. 여러분이 이 자리에 있는 건 다 이유가 있습니다. 때로는 자신의 불안감이나 미숙함 때문에 남들의 기대나 기준, 또는 가치관에 맞추고 싶기도 할 겁니다. 하지만 오히려 그 미숙함을 잘 활용하면, 여러분만의 이유로 정의되는 여러분만의 길을 개척해 나갈 수 있습니다.

내털리 포트먼 하버드 대학교 졸업식 축사

The other day, I went to an **amusement park** with my **soon-to-be** 4-year-old son, and I watched him play **arcade games**. He was incredibly focused, throwing his ball at the target. Being the Jewish mother that I am, I **skipped** twenty **steps** and was already **imagining** him **as** a major league player with his aim, his arm, and his **concentration**.

But then I realized that when he won, he was playing to **trade in** his tickets **for** the **crappy plastic toys**. The prize was much more exciting than the game to get it.

In a child's nature, we see many of **our own innate tendencies**. I saw myself in him, and perhaps you do, too. Prizes serve as **false idols** everywhere—prestige, wealth, fame, power. You'll **be exposed to** many of these, **if not all**.

주요 표현 확인

the other day 며칠 전에, 얼마 전에
amusement park 놀이공원
soon-to-be 곧 ~이 될
arcade game 오락실 게임
skip steps 과정[단계]을 건너뛰다
imagine someone as
~를 …으로 상상하다
concentration 집중력

crappy plastic toy
조잡한 플라스틱 장난감
in a child's nature
아이의 천성에서
one's own innate tendency
자신만의 타고난 성향
false idol 거짓된 우상
if not all 전부는 아니더라도

핵심 패턴 연습

- **trade in something for** ~을 …으로 바꾸다[교환하다]

  I **traded in** my old car **for** a new one.
  나는 오래된 차를 넘기고 새 차로 바꾸었다.

  You can **trade in** your points **for** a free drink.
  포인트를 사용해 음료 한 잔을 무료로 받을 수 있다.

- **be exposed to** ~에 노출되다, ~을 접하게 되다

  Our skin **is** constantly **exposed to** UV rays.
  우리 피부는 항시 자외선에 노출되어 있다.

  We **are exposed to** ads all throughout the day.
  우리는 하루 종일 광고에 노출되어 있다.

The other day, / I went to an amusement park / with my soon-to-be 4-year-old son, / and I watched him play arcade games. / He was incredibly focused, / throwing his ball at the target. / Being the Jewish mother that I am, / I skipped twenty steps / and was already imagining him / as a major league player / with his aim, / his arm, / and his concentration.

But then / I realized that when he won, / he was playing to trade in his tickets / for the crappy plastic toys. / The prize was much more exciting than the game / to get it.

In a child's nature, / we see many of our own / innate tendencies. / I saw myself in him, / and perhaps you do, too. / Prizes serve as false idols everywhere / —prestige, / wealth, / fame, / power. / You'll be exposed to many of these, / if not all.

며칠 전, 저는 곧 네 살이 되는 제 아들과 함께 놀이공원에 다녀왔습니다. 그리고 거기서 아들이 오락실 게임을 하는 모습을 지켜보았죠. 아들은 매우 집중하며 타깃에 공을 맞추고 있었어요. 그리고 저는 전형적인 유대인 엄마답게, 중간 단계는 다 건너뛰고 이미 메이저리그 선수가 된 아들의 모습을 상상하고 있었답니다. 아이의 조준 실력, 팔의 힘, 집중력을 보면서 말이에요.

하지만 아들이 게임에서 이겼을 때 저는 바로 깨달았습니다. 아이가 열심히 게임을 했던 이유는 조잡한 플라스틱 장난감을 상으로 얻기 위해서였다는 것을요. 결국 게임의 상품이 그 게임 자체보다 훨씬 더 흥미로운 목표였던 거죠.

아이의 본성 속에서, 우리는 종종 우리 자신의 타고난 성향을 많이 발견하곤 합니다. 저는 아들에게서 제 모습을 보았습니다. 그리고 아마 여러분도 그럴 겁니다. 명예, 부, 명성, 권력—이런 것들은 우리 주변 어디에나 존재하는 거짓된 우상이 될 수 있습니다. 여러분은 앞으로 이런 것들에, 아니면 그중 일부에 분명히 노출될 것입니다.

SPEECH 4-3 내털리 포트먼 하버드 대학교 졸업식 축사

When I got to Harvard just after the **release** of "Star Wars: Episode 1."¹ I feared people would assume I'd **gotten in** just for being famous, and they would think I was not **worthy of** the **intellectual rigor** here.

It wasn't **far from the truth**. When I came here, I had never written a 10-page paper before. I was overwhelmed and thought that reading 1,000 pages a week was unimaginable, that writing a 50-page **thesis** was something I could never do.

I've been acting since I was 11, but I thought acting was too **frivolous** and certainly not meaningful. I **came from a family of academics** and was very concerned about **being taken seriously**. So, freshman fall, I decided to take Neurobiology and Advanced Modern Hebrew Literature because I was serious and intellectual. But as I was **fighting my way through** the mechanisms of **neuro-response**, I saw friends around me **writing papers on pop culture** magazines, and professors teaching fairy tales and "The Matrix."² I realized that seriousness **for** seriousness's **sake** was **its own kind of** trophy.

---

1 Star Wars: Episode 1 '스타워즈: 에피소드 1'. 전 세계적인 사랑을 받은 미국의 우주 활극 영화 '스타워즈' 시리즈 중 하나이다. 내털리 포트먼은 극 중 '아미달라 여왕' 역으로 출연하여 인기를 얻었다.
2 The Matrix '매트릭스'. 혁신적인 CG 효과와 신선한 연출, 철학적 스토리로 큰 화제가 되었던 SF 액션 영화.

주요 표현 확인

release 개봉

get in ~에 입학하다, ~에 들어가다

intellectual rigor 학문적으로 엄격한 잣대

thesis 논문

frivolous 하찮은, 시시한

come from ~ 출신이다

a family of academics 학자 집안

be taken seriously 진지하게 받아들여지다

fight one's way through ~을 뚫고 나아가다

neuro-response 신경 반응

write a paper on ~에 대한 논문을 쓰다

pop culture 대중문화

for something's sake ~ 자체를 위해서

its own kind of 그 나름대로의, 그 자체의

핵심 패턴 연습

- **worthy of** ~할 자격이 있는, ~의 가치가 있는

  All children are **worthy of** love and respect.
  모든 아이들은 사랑과 존중을 받을 자격이 있다.

  That movie was **worthy of** our time and money.
  그 영화는 시간과 돈을 들일 만한 가치가 있었다.

- **far from the truth** 사실과는 거리가 먼

  That rumor is **far from the truth**.
  그 소문은 사실과는 거리가 멀다.

  People think he is rich, but that is **far from the truth**.
  사람들은 그가 부자라고 생각하지만, 그건 사실과는 거리가 멀다.

낭독 훈련

/ 끊어 읽기   ● 강세 넣기

When I got to Harvard / just after the release / of "Star Wars: Episode 1." / I feared people would assume / I'd gotten in / just for being famous, / and they would think / I was not worthy / of the intellectual rigor here.

It wasn't far from the truth. / When I came here, / I had never written / a 10-page paper before. / I was overwhelmed / and thought that reading 1,000 pages a week / was unimaginable, / that writing a 50-page thesis / was something I could never do.

I've been acting since I was 11, / but I thought acting was too frivolous / and certainly not meaningful. / I came from a family of academics / and was very concerned / about being taken seriously. / So, / freshman fall, / I decided to take Neurobiology / and Advanced Modern Hebrew Literature / because I was serious and intellectual. / But as I was fighting my way through / the mechanisms of neuro-response, / I saw friends around me / writing papers on pop culture magazines, / and professors teaching fairy tales and "The Matrix." / I realized that seriousness / for seriousness's sake / was its own kind of trophy.

제가 하버드에 입학한 때는 '스타워즈: 에피소드 1'이 개봉된 직후였습니다. 저는 사람들이 제가 유명하다는 이유만으로 대학에 합격했다고 생각할까 봐, 그리고 저를 이곳의 지적 수준에 어울리지 않는 사람이라고 여길까 봐 두려웠습니다.

사실 저에 대한 그런 생각이 완전히 틀린 말은 아니었습니다. 이곳에 오기 전까지는 10쪽짜리 글을 써 본 적이 한 번도 없었으니까요. 저는 완전히 압도당해서, 일주일에 1,000쪽을 읽는 건 상상할 수도 없는 일이고, 50쪽이나 되는 논문을 쓰는 것도 제가 도저히 해낼 수 없는 일이라고만 생각했습니다.

저는 11살 때부터 연기를 했지만, 연기는 너무 가볍고 별 의미 없는 일이라고 생각했습니다. 학구적인 집안에서 자랐기에, 사람들에게 진지하게 인정받는 것을 무척 중요하게 여기기도 했지요. 그래서 신입생 가을 학기 때는, 신경생물학과 현대 히브리 문학 고급 과목을 수강하기로 결심했습니다. 저는 진지하고 지적인 사람이었으니까요. 하지만 복잡한 신경 반응의 메커니즘을 이해하려고 애쓰던 중, 주변 친구들이 대중문화 잡지에 관한 논문을 쓰고, 교수들이 동화나 영화 '매트릭스'에 대해 강의하는 모습을 보게 되었습니다. 그 순간 저는 깨달았습니다. 그저 '진지해 보이기 위해 진지한 척하는 것'도 일종의 과시용 트로피일 수 있다는 사실을요.

SPEECH 4-4 내털리 포트먼 하버드 대학교 졸업식 축사

There was a reason that I was an actor: I love what I do. When I got to my graduation, I **admitted to myself that** I **couldn't wait to** go back and make more films. I wanted to tell stories, to imagine the lives of others, and help others do the same.

You have a prize now. The prize is a Harvard degree in your hand. But what is your reason behind it? For me, my Harvard degree represents the **curiosity** and invention that were encouraged here, and the friendships I've **sustained**.

It's easy now to **romanticize my time** here. But I had some very difficult times here too. **There were several occasions when** I started crying in meetings with professors. **There were moments when** I **took on the motto for** school work: "Done. Not good." If only I could finish my work, I felt that I'd **accomplished a great feat**. I **repeated to myself**, "Done. Not good."

주요 표현 확인

there was a reason that
~에는 이유가 있었다

admit to oneself that
스스로 ~을 인정하다

curiosity 호기심

sustain 유지하다, 지속하다

romanticize one's time
~의 어떤 시절[시간]을 미화하다

there were several occasions when
~한 순간들이 여러 번 있었다

there were moments when
~한 순간들이 있었다

take on ~을 받아들이다, ~을 맡다

the motto for ~에 대한 좌우명[신조]

repeat to oneself 스스로에게 되뇌다

핵심 패턴 연습

- **couldn't wait to** 너무 ~하고 싶어 참을 수 없었다, 빨리 ~하고 싶었다

    She **couldn't wait to** tell everyone the good news.
    그녀는 좋은 소식을 모두에게 빨리 말하고 싶어 참을 수 없었다.

    I **couldn't wait to** try the new restaurant.
    새로 생긴 식당을 빨리 가 보고 싶었다.

- **accomplish a great feat** 큰 성과를 이루다, 위대한 업적을 달성하다

    For a child, tying shoelaces alone can be **accomplishing a great feat**.
    아이에게는 혼자 신발끈을 묶는 것도 큰 성취일 수 있다.

    They **accomplished a great feat** against all odds.
    그들은 모든 역경을 이겨 내고 위대한 업적을 이루어 냈다.

낭독 훈련

/ 끊어 읽기   ● 강세 넣기

There was a reason / that I was an actor: / I love what I do. / When I got to my graduation, / I admitted to myself / that I couldn't wait to go back / and make more films. / I wanted to tell stories, / to imagine the lives of others, / and help others do the same.

You have a prize now. / The prize is a Harvard degree / in your hand. / But what is your reason behind it? / For me, / my Harvard degree / represents the curiosity and invention / that were encouraged here, / and the friendships I've sustained.

It's easy now / to romanticize my time here. / But I had some very difficult times here too. / There were several occasions / when I started crying / in meetings with professors. / There were moments / when I took on the motto / for school work: / "Done. Not good." / If only I could finish my work, / I felt that I'd accomplished a great feat. / I repeated to myself, / "Done. Not good."

제가 배우가 된 데에는 분명한 이유가 있었습니다. 저는 제가 하는 일을 진심으로 사랑하거든요. 졸업할 때가 되자, 저는 스스로 인정할 수밖에 없었어요. 제가 하루빨리 촬영장으로 돌아가 더 많은 영화를 만들고 싶어 한다는 것을요. 저는 사람들에게 이야기를 전하고 싶었고, 타인의 삶을 상상하고, 다른 사람들도 그런 것을 똑같이 경험해 볼 수 있도록 돕고 싶었습니다.

이제 여러분은 상을 받습니다. 그 상은 바로 여러분의 손에 들린 하버드 졸업장입니다. 그런데 여러분은 왜 그 졸업장을 따려고 한 건가요? 저에게 있어 하버드 졸업장은 이곳에서 북돋워진 호기심과 창의력, 그리고 지금까지도 이어지고 있는 친구들과의 우정을 상징합니다.

지금 돌아보면, 이곳에서의 시간이 아름답게만 느껴질 수 있지만, 당시에는 힘든 순간도 참 많았습니다. 교수님과 면담을 하다가 눈물을 쏟은 적도 여러 번 있었죠. 과제를 할 때면 "잘하지는 못해도 일단 끝내자."를 제 좌우명으로 삼았던 순간들도 있었습니다. 과제만 끝낼 수 있다면 그것만으로도 큰 성취를 이뤄낸 기분이 들었고, 스스로에게 늘 이렇게 되뇌었습니다. "잘하지는 못했지만, 그래도 일단 끝냈다."

내털리 포트먼 하버드 대학교 졸업식 축사

In my professional life, **it** also **took** me **time to find my own reasons for** doing my work. The first film I was in **came out** in 1994. I was 13 years old upon its release.

The film had universally **tepid critical response** and went on to **bomb commercially**. That film was called "The Professional," or "Léon"[1] in Europe. Today, 20 years and 35 films later, it is still the film people **approach** me **about** the most—to tell me how much they loved it, how much it moved them, and how it's their favorite movie.

I feel lucky that my first experience of **releasing a film** was initially such a disaster **by all standard measures**. I learned early that my meaning had to be from the experience of making the film and the possibility of **connecting with** individuals, rather than the **foremost** trophies in my industry: financial and critical success. Also, those initial reactions could be false predictors of your work's **ultimate legacy**. I started choosing only jobs I **was passionate about**, and from which I knew I could **glean meaningful experiences**.

---

1 **Léon** '레옹'. 1994년 개봉한 액션 스릴러 영화. 고독한 킬러 '레옹'과 그에게 보호를 받는 소녀 '마틸다'의 이야기를 다룬 내털리 포트먼의 데뷔작.

주요 표현 확인

find one's own reasons for ~에 대한 자신만의 이유를 찾다

come out 나오다, 출시되다

tepid 미지근한

critical response 평론가들의 비평

bomb commercially 상업적으로 크게 실패하다

approach someone about ~에게 다가와 …에 대해 말하다

release a film 영화를 개봉하다

by all standard measures 모든 일반적인 기준으로 보면

connect with ~와 연결하다, ~와 교감하다, ~와 친해지다

foremost 가장 중요한, 주목할 만한

ultimate legacy 최종적으로 남길 유산

glean meaningful experiences 의미 있는 경험을 쌓다

핵심 패턴 연습

- **It takes someone time to** ~는 …하는 데 시간이 걸리다

    It takes people **time to** adjust to change.
    사람들은 변화에 적응하는 데 시간이 걸린다.

    It takes him **time to** express his feelings.
    그는 자신의 감정을 표현하는 데 시간이 걸린다.

- **be passionate about** ~에 열정적이다, ~에 열정을 가지다

    I **am passionate about** learning new languages.
    나는 새로운 언어를 배우는 데 열정적이다.

    She **is passionate about** music and art.
    그녀는 음악과 예술에 열정을 가지고 있다.

낭독 훈련

In my professional life, / it also took me time / to find my own reasons / for doing my work. / The first film I was in / came out in 1994. / I was 13 years old / upon its release.

The film had universally tepid critical response / and went on to bomb commercially. That film was called "The Professional," / or "Léon" in Europe. / Today, / 20 years and 35 films later, / it is still the film / people approach me about the most / —to tell me how much they loved it, / how much it moved them, / and how it's their favorite movie.

I feel lucky / that my first experience of releasing a film / was initially such a disaster / by all standard measures. / I learned early / that my meaning had to be from the experience / of making the film / and the possibility of connecting with individuals, / rather than the foremost trophies / in my industry: / financial and critical success. / Also, / those initial reactions / could be false predictors / of your work's ultimate legacy. / I started choosing only jobs / I was passionate about, / and from which I knew / I could glean meaningful experiences.

직업에 있어서도 역시, 내가 왜 이 일을 하는지에 대한 '나만의 이유'를 찾기까지 시간이 필요했습니다. 제가 처음 출연한 영화는 1994년에 개봉했습니다. 개봉 당시, 저는 13살이었죠.

영화는 평론가들에게 미지근한 반응을 얻었고, 상업적으로도 참패했습니다. 그 영화가 바로 '더 프로페셔널'입니다. 유럽에서는 '레옹'으로 불렸죠. 그런데 그때로부터 20년이 지나고 제가 35편의 영화를 더 찍은 후에도, 오늘날 사람들이 제게 다가와 가장 많이 언급하는 영화가 바로 '레옹'이랍니다. 사람들은 제게 자신이 그 영화를 얼마나 좋아했는지, 얼마나 큰 감동을 받았는지, 그리고 어떻게 그 영화가 자기 인생 최고의 영화가 되었는지를 말해 주고는 합니다.

저는 제 첫 영화가 모든 기준에서 다 큰 실패로 남았던 것이 오히려 다행이라고 생각합니다. 저는 일찍이 깨달았어요. 진정한 의미는 흥행 성적이나 평론가의 칭찬 같은 외적인 '트로피'에서 오는 것이 아니라, 작품을 만드는 과정 자체의 경험과, 관객 한 사람 한 사람과의 연결 가능성에서 찾아야 한다는 것을요. 또한, 처음의 반응이 그 작품의 궁극적인 유산을 예측해 주는 건 아닐 수도 있다는 사실도 알게 되었습니다. 그 후로 저는 진심으로 열정을 느끼는 작품, 그리고 그 안에서 의미 있는 경험을 얻을 수 있다고 확신하는 일만 선택하기 시작했습니다.

내털리 포트먼 하버드 대학교 졸업식 축사

By the time I got to making "Black Swan,"[1] the experience was entirely my own. I **felt immune to** the worst things anyone could say or write about me, and to whether an audience felt like going to see my movie or not.

It **was instructive for** me to see that, for ballet dancers, once your technique **gets to a certain level**, the only thing that separates you from others is your **quirks** or even **flaws**. One ballerina **was famous for** how she turned slightly **off-balanced**. You can never be the best, technically. Someone will always have a higher jump or a more beautiful line. The only thing you can **be the best at** is developing your own self.

As we get older, we get more realistic—and that includes **being realistic about** our own abilities or lack **thereof**—and that realism **does** us **no favors**.

People always talk about **diving into** things you're afraid of. That never worked for me. If I am afraid, I **run away**. Fear protects us in many ways.

---

1 Black Swan '블랙 스완'. 2010년에 개봉한 심리 스릴러 영화. 내털리 포트먼은 극 중 발레리나인 '니나' 역을 열연하여 큰 호평을 받았고, 이 영화로 아카데미와 골든 글로브 시상식에서 여우 주연상을 받았다.

주요 표현 확인

be instructive for someone
~에게 유익하다

quirk 별난 점, 기벽

flaw 결함, 단점

be famous for ~으로 유명하다

off-balanced 균형이 맞지 않는

be the best at
~을 가장 잘하다, ~에 최고이다

be realistic about
~에 대해 현실적이다

thereof (앞에 언급된) 그것의

do someone no favors
~에게 도움이 되지 않다

dive into ~에 뛰어들다

run away 도망치다

핵심 패턴 연습

- **feel immune to** ~에 무감각해지다

    I now **feel immune to** such words.
    이제는 그런 말을 들어도 별 느낌 없이 무덤덤하다.

    Living in the city made me **feel immune to** noise.
    도시에서 살다 보니 소음에 무감각해졌다.

- **get to a certain level** 일정 수준에 도달하다

    Once you **get to a certain level** of confidence, everything feels easier.
    일정 수준의 자신감에 도달하면, 모든 것이 더 쉽게 느껴진다.

    She practiced every day and finally **got to a certain level**.
    그녀는 매일 연습해서 마침내 실력이 일정 수준에 도달했다.

낭독 훈련

/ 끊어 읽기   ● 강세 넣기

By the **ti**me I got to **ma**king "**Black** Swan," / the ex**pe**rience was en**ti**rely my **own**. / I felt im**mu**ne to the **worst** things / **a**nyone could **say** or **wri**te about me, / and to **whe**ther an **au**dience / felt like **go**ing to **see** my **mo**vie or not.

It was ins**truc**tive for me to **see** that, / for bal**let dan**cers, / **once** your tech**ni**que **gets** to a **cer**tain level, / the **o**nly thing that **se**parates **you** from **o**thers / is your **quirks** / or **e**ven **flaws**. / **One** balle**ri**na was **fa**mous / for **how** she turned **slight**ly **off**-balanced. / You can **ne**ver be the **best**, / **tech**nically. / **So**meone will **al**ways have a **high**er **jump** / or a **mo**re **beau**tiful line. / The **on**ly thing you can be the **best** at / is de**ve**loping your **own self**.

As we **get old**er, / we **get** more rea**lis**tic / —and **that** includes being rea**lis**tic / about our **own a**bilities / or **lack** there**of** / —and that **re**alism does us **no fa**vors.

People always **talk** about / **di**ving into **things** you're a**fraid** of. / **That** never **work**ed for **me**. / If I am a**fraid**, / I run a**way**. / **Fear** pro**tects** us / in **ma**ny **ways**.

영화 '블랙 스완'을 찍을 무렵에는, 그 경험이 오롯이 제 자신의 것이었습니다. 저는 누군가가 저에 대해 최악의 말을 하거나 글을 쓰든, 혹은 관객이 제 영화를 보고 싶어 하든 말든, 그에 영향을 받지 않았습니다.

영화를 찍으며 발레리나들의 세계를 들여다본 것이 제게는 큰 가르침이 되었습니다. 예를 들어 발레 무용수들의 경우, 기술이 일정 수준에 이르게 되면 그 다음부터는 각자의 개성이나 심지어 결점이 자신만의 차별점이 됩니다. 어떤 발레리나는 살짝 균형이 맞지 않은 채 도는 방법으로 유명했습니다. 기술적으로는 절대 최고가 될 수 없습니다. 누군가는 언제나 더 높이 뛰고, 더 아름다운 선을 가질 테니까요. 그래서 진짜로 최고가 될 수 있는 유일한 방법은, 자기 자신만의 모습을 발전시키는 것뿐입니다.

나이가 들수록 우리는 점점 더 현실적으로 변합니다. 그리고 우리 자신의 능력이나 부족함에 대해서도 냉정히 바라보게 되죠. 하지만 그런 현실 감각은 우리에게 별 도움이 되지 않습니다.

사람들은 늘 자신이 두려워하는 일에 뛰어들라고 말합니다. 하지만 저에게는 그런 방식이 절대 통하지 않습니다. 저는 두려우면 도망치거든요. 두려움은 때때로 우리를 보호하는 기능을 하기도 하니까요.

SPEECH 4-7 내털리 포트먼 하버드 대학교 졸업식 축사

Your inexperience is an **asset**, and it will allow you to think **in original and unconventional ways**. Accept your **lack of** knowledge and use it as your **asset**. **Each time** you **set out to** do something new, your inexperience can either lead you down a path where you will **conform to** someone else's values or you can **forge your own path**.

It's **cliché**, because it's true that helping others ends up helping you more than anyone. **Getting out of** your own concerns and **caring about** someone else's life for a while reminds you that you are not **the center of** the universe, and that in the ways we are generous or not, we can change **the course of someone's life**.

Even at work, the **small feats of kindness** that crew members, directors, and fellow actors have shown me have had the most **lasting impact**.

주요 표현 확인

asset 자산

in original and unconventional ways 독창적이고 틀에 박히지 않은 방식으로

lack of ~의 부족, ~의 부재

each time ~할 때마다

set out to ~하는 데 착수하다, ~을 시작하다

forge one's own path 자신만의 길을 개척하다

cliché 클리셰, 진부한 표현

get out of ~에서 벗어나다, ~에서 나오다

care about ~에 마음을 쓰다, ~을 신경 쓰다

the center of ~의 중심

the course of someone's life ~의 인생 흐름

a small feat of kindness 작은 친절의 실천

핵심 패턴 연습

- **conform to** ~에 순응하다, ~을 따르다

  She doesn't like to **conform to** traditional rules.
  그녀는 전통적인 규정을 따르는 것을 좋아하지 않는다.

  All students are expected to **conform to** school rules.
  모든 학생은 학교의 규칙을 따르도록 되어 있다.

- **lasting impact** 장기적 여파[영향]

  The war left a **lasting impact** on the country's economy.
  전쟁이 그 나라의 경제에 끼친 여파는 상당히 오래갔다.

  Music has a **lasting impact** on our emotions and memories.
  음악은 우리의 감정과 기억에 장기적인 영향을 미친다.

낭독 훈련

/ 끊어 읽기   ● 강세 넣기

Your inex**pe**rience is an **as**set, / and it will al**low** you to **think** / in o**ri**ginal and uncon**ven**tional ways. / Ac**cept** your **lack** of **know**ledge / and **use** it as your **as**set. / **Each** time you set **out** to **do** something **new**, / your inex**pe**rience / can **ei**ther lead you **down** a **path** / where you will con**form** to **so**meone else's **val**ues / or you can **for**ge your **own path**.

It's cli**ché**, / because it's **true** that helping **o**thers / ends **up** helping **you** / **mo**re than **a**nyone. / Getting **out** of your **own** con**cerns** / and **ca**ring about someone **el**se's **li**fe for a while / re**minds** you that / you are **not** the **cen**ter of the **u**niverse, / and that in the **ways** we are **ge**nerous or **not**, / we can **chan**ge the **course** of **so**meone's **li**fe.

Even at **work**, / the **small feats** of **kind**ness that **crew** members, / di**rec**tors, / and **fel**low **ac**tors have **shown** me / have **had** the **most last**ing **im**pact.

여러분의 미숙함은 약점이 아니라 자산입니다. 그 미숙함 덕분에 여러분은 남들과 다른 독창적이고 새로운 방식으로 생각할 수 있게 되니까요. 여러분이 부족하다는 사실을 인정하고, 그 자체를 강점으로 활용해 보세요. 무언가 새로운 일을 시작할 때마다, 그 미숙함은 여러분을 다른 사람의 가치관에 순응하는 길로 이끌 수도 있고, 여러분만의 길을 개척하는 방향으로 이끌 수도 있습니다.

너무 뻔한 이야기지만, 남을 도우면 결국에는 자신이 가장 큰 도움을 받게 된다는 말은 정말 사실입니다. 잠시라도 내 걱정에서 벗어나 다른 누군가의 삶에 관심을 기울여 보세요. 그러면 내가 세상의 중심이 아니라는 사실을 다시 한번 깨닫게 됩니다. 그리고 우리가 얼마나 너그러우냐에 따라, 누군가의 인생이 바뀔 수도 있다는 사실을 알게 되죠.

심지어 일터에서도, 함께 일하는 촬영 스태프, 감독, 그리고 동료 배우들이 제게 보여 준 작은 친절이 지금도 제 마음속에 가장 오래 남아 있습니다.

내털리 포트먼 하버드 대학교 졸업식 축사

And of course, **first and foremost**, the center of my world is the love that I share with my family and friends. I hope that your friends will be with you through it all, as my friends from Harvard have been together since we graduated. My friends from school are still very close. We've **nursed** each other **through heartaches** and danced at each other's weddings. We've held each other **at funerals**, and **rocked** each other's new **babies**.

Grab the good people around you and don't **let** them **go**. The biggest asset this school offers you is a group of peers that will both be your family and your school **for life**.

To **quote** one of my favorite thinkers, Abraham Joshua Heschel[1]: "To be or not to be is not the question; the vital question is how to be and how not to be." Thank you. I can't wait to see how you do all the beautiful things you will do.

---

1 Abraham Joshua Heschel 아브라함 조슈아 헤셸. 유대인 철학자이자 신학자로, 신앙은 현실 참여로 이어져야 한다는 자신의 신념에 따라 미국 민권 운동에 적극 참여했다.

주요 표현 확인

nurse someone through (병이나 어려움 등을 이기도록) ~를 돌보다, ~를 도와주다

heartache 심적 고통

at a funeral 장례식에서

rock someone's baby ~의 아기를 안고 달래다

for life 평생

quote (말을) 인용하다

핵심 패턴 연습

- **first and foremost** 무엇보다도, 가장 중요하게

    First and foremost, I want to thank my parents.
    무엇보다도, 나는 부모님께 감사드리고 싶다.

    First and foremost, safety comes first in this job.
    무엇보다도, 이 일에서 가장 중요한 건 안전이다.

- **let go** 놓아주다, 내려놓다

    Let the small things **go** and focus on what matters.
    사소한 것들은 내려놓고 중요한 것에 집중해라.

    You have to **let go** of your fears to move forward.
    앞으로 나아가기 위해서는 두려움을 내려놓아야 한다.

낭독 훈련

/ 끊어읽기   ● 강세 넣기

And of course, / first and foremost, / the center of my world / is the love that I share / with my family and friends. / I hope that your friends / will be with you through it all, / as my friends from Harvard / have been together since we graduated. / My friends from school / are still very close. / We've nursed each other through heartaches / and danced at each other's weddings. / We've held each other at funerals, / and rocked each other's new babies.

Grab the good people around you / and don't let them go. / The biggest asset this school offers you / is a group of peers / that will both be your family / and your school for life.

To quote one of my favorite thinkers, / Abraham Joshua Heschel: / "To be or not to be / is not the question; / the vital question is / how to be and how not to be." / Thank you. / I can't wait to see / how you do all the beautiful things / you will do.

그리고 무엇보다도, 제 인생의 중심에는 가족 그리고 친구들과 나누는 사랑이 있습니다. 저는 여러분의 친구들도 제가 하버드에서 만난 친구들처럼 인생의 모든 순간을 함께해 주는 사람들이 되길 바랍니다. 저는 졸업 이후로도 학교 친구들과 여전히 아주 가까운 사이예요. 우리는 서로의 실연을 위로해 주었고, 서로의 결혼식에서 춤을 추었고, 서로의 장례식장에서 함께 울었고, 서로의 아기들을 안아 주며 축복해 주었습니다.

여러분 곁에 있는 좋은 사람들을 꼭 붙잡고, 절대 놓치지 마세요. 이 학교가 여러분에게 주는 가장 큰 자산은, 평생 여러분의 가족이자 스승이 되어 줄 동료들입니다.

제가 가장 좋아하는 사상가 중 한 명인 아브라함 조슈아 헤셸의 말을 인용하고 싶습니다. "존재하느냐, 존재하지 않느냐는 중요하지 않다. 중요한 것은 어떻게 존재하고, 어떻게 존재하지 않느냐이다." 감사합니다. 여러분이 앞으로 얼마나 아름다운 일들을 해낼지 정말 기대됩니다.

연설문 요약

하버드에 처음 왔을 때는, 저 스스로도 이렇게 생각했어요. "나는 배우잖아. 그리 똑똑하지도 않은데, 내가 정말 이곳에 있어도 되나?" 하지만 저는 여기서 중요한 걸 배웠어요. **경험이 부족한 건 약점이 아니라, 나만의 길을 만드는 힘이 될 수 있다는 걸요.**

제가 13살 때 처음 출연한 영화는 '레옹'이었어요. 흥행에는 실패했지만, 시간이 지나고 많은 사람들이 그 영화를 좋아한다고 제게 말해 줬어요. 그래서 저는 **결과가 아닌, 과정에서 의미를 찾는 게 중요하다는 걸 깨닫게 됐어요.**

저는 더 이상 "제일 잘하는 사람"이 되려고 하지 않아요. 대신 **"가장 나다운 사람"**이 되려고 해요. 그리고 무엇보다 **친절과 우정, 가족이 인생에서 제일 중요한 자산**이라는 것도 알게 되었어요.

실패해도 괜찮고, 두려워해도 괜찮아요. 중요한 건 내가 왜 이걸 하려고 하는지, 그리고 **어떤 사람으로 살아가고 싶은지**예요.

When I first came to Harvard, I thought, "I'm an actress. I'm not that smart. Do I really belong here?" But I learned something important: **Lack of experience isn't a weakness—it's a way to create your own path.**

When I was 13, I acted in my first movie, Léon. It wasn't successful at the time, but years later, people told me how much it meant to them. That helped me realize: **what matters isn't success—it's finding meaning in the process.**

Now, I don't try to be "the best." Instead, I try to **be truest to myself.** And I've learned that **kindness, friendship, and family are life's most precious gifts.**

It's okay to fail. It's okay to be scared. What matters is knowing why you're doing something—and choosing **what kind of person you want to become.**

주제 토론

① 내털리 포트먼은 처음 하버드에 입학했을 때 "난 여기 있을 자격이 없는 것 같아."라고 생각했어요. 그녀는 스스로를 의심하며 무척 힘들어했지만, 결국 그 고비를 잘 넘겼지요. 여러분도 자신이 부족하다고 느낀 적이 있나요? 언제인가요? 어떻게 극복했나요?

Natalie Portman felt like she didn't belong when she first entered Harvard. She struggled with self-doubt but overcame it. Have you ever felt like you weren't good enough? When was it? How did you overcome it?

② 내털리 포트먼은 자신이 출연한 첫 영화가 흥행에 실패해서 오히려 다행이었다고 말합니다. 만약 아직 연기 실력을 쌓아 가고 있던 시기에 첫 영화가 바로 흥행에 성공했다면, 그녀의 경력에 어떤 영향을 미쳤을까요?

Natalie Portman said she was actually glad that her first film wasn't a big success. If her first film had become a big hit while she was still developing her acting skills, what impact might it have had on her career?

주제 토론 ① 예시 답변

입시 미술 학원에 처음 갔을 때, 다른 친구들보다 제 그림 실력이 부족하다고 느껴져서 속상했어요. 그때 선생님이 말씀해 주셨어요. "실력은 연습하면 금방 따라잡을 수 있어. 하지만 네가 가진 관찰력과 아이디어는 특별해. 그건 하루아침에 생기는 게 아니야."

그 말을 듣자 마음이 놓였고, 제가 표현하고 싶은 걸 더 자신 있게 그리게 되었어요. 그렇게 그림을 많이 그리다 보니 실력은 자연스럽게 따라오더라고요.

SPEECH 5

Ellen DeGeneres' Speech at Tulane University, 2009

엘런 디제너러스 툴레인 대학교 졸업식 축사, 2009

엘런 디제너러스(Ellen DeGeneres)는 미국의 유명 코미디언이자 토크쇼 진행자로, 19년간 '엘런 쇼'를 이끌며 전 세계적으로 큰 사랑을 받았다.

2009년 툴레인 대학교 졸업식 축사에서, 그녀는 자신이 겪은 인생의 굴곡을 유쾌하면서도 솔직하게 풀어내며 역경을 통해 성장하라고 학생들을 격려했다. 또한, 성공이란 물질적 성취가 아니라 '진정한 자기 자신의 모습으로 사는 것'이라고 말하며, 자신만의 길을 찾기 위해 스스로를 믿고 꿋꿋이 나아가라고 용기를 북돋워 주었다.

엘런 디제너러스 툴레인 대학교 졸업식 축사

Thank you to all the graduating Class of 2009. I realize that most of you **are hungover**, and **have splitting headaches**, and haven't slept since Fat Tuesday[1], but you can't graduate 'til I finish, so **listen up**.

When I **was asked to make the commencement speech**, I immediately said yes. Then I went to **look up** what "commencement" meant, which would have been easy if I had a dictionary. Commencement: common, and cement. Common cement. You commonly see cement on **sidewalks. Sidewalks have cracks**, and if you **step on** a crack, you break your mother's back[2]. So there's that. But I'm honored that you've asked me here to speak at your common cement.

I didn't go to any college at all—any college. And I'm not saying you wasted your time or money, but look at me—I'm a huge celebrity. So, why am I here today? I'm here because of you. I'm here because I love New Orleans. I **was born and raised** here, I spent my **formative years** here.

---

1. Fat Tuesday 마르디 그라(Mardi Gras) 축제에서 기독교의 사순절 금식 기간이 시작되기 전날. 사람들이 금식에 들어가기 전에 마지막으로 고기나 기름진 음식을 마음껏 먹고 즐기는 날이다.
2. Step on a crack, break your mother's back. "금을 밟으면 엄마의 허리가 부러진다."라는 뜻으로, 영어권에서 널리 알려진 미신이자 동요이다. 어린이들이 바닥의 금을 밟지 않으려고 하는 놀이의 구호로도 사용된다.

주요 표현 확인

be hungover 숙취가 있다

have splitting headaches 머리가 깨질 것처럼 아프다

listen up 잘 들어라

be asked to ~하라는 요청[부탁]을 받다

make a commencement speech 졸업 연설을 하다

sidewalk (보행자의 통행을 위한) 인도

have cracks 금이 가다

step on ~을 밟다

formative years 성장기, 가치관이 형성되는 시기

핵심 패턴 연습

- **look up** 찾아보다, 검색하다

    I **looked up** the word in a dictionary.
    나는 그 단어를 사전에서 찾아보았다.

    Can you **look up** his phone number for me?
    그 친구의 전화번호 좀 찾아 줄래요?

- **be born and raised** 나고 자라다

    He **was born and raised** in Paris, so he speaks French fluently.
    그는 파리에서 나고 자라서 프랑스어를 유창하게 한다.

    They **were born and raised** in Canada but later moved to Australia.
    그들은 캐나다에서 나고 자랐지만 나중에 호주로 이주했다.

낭독 훈련

끊어 읽기 /   강세 넣기 ●

Thank you to all the graduating Class of 2009. / I realize that most of you are hungover, / and have splitting headaches, / and haven't slept since Fat Tuesday, / but you can't graduate / 'til I finish, so listen up.

When I was asked to make the commencement speech, / I immediately said yes. / Then I went to look up / what "commencement" meant, / which would have been easy / if I had a dictionary. / Commencement: / common and cement. / Common cement. / You commonly see cement / on sidewalks. / Sidewalks have cracks, / and if you step on a crack, / you break your mother's back. / So there's that. / But I'm honored that you've asked me here / to speak at your common cement.

I didn't go to any college at all / —any college. / And I'm not saying you wasted your time or money, / but look at me / —I'm a huge celebrity. / So, why am I here today? / I'm here because of you. / I'm here / because I love New Orleans. / I was born and raised here, / I spent my formative years here.

2009년도 졸업생 여러분 모두에게 감사 인사를 전합니다. 여러분은 지금 대부분 숙취에 시달리며 머리가 깨질 듯이 아프고, 마르디 그라(Fat Tuesday) 축제 이후로 한숨도 못 잤다는 걸 잘 압니다. 하지만 제가 말을 마치기 전에는 졸업할 수 없으니, 집중해서 들어주세요.

졸업 연설을 부탁받았을 때, 저는 바로 승낙했습니다. 그러고 나서 '졸업식'이 무슨 뜻인지 찾아보러 갔죠. 제가 사전만 가지고 있었어도 뜻을 찾기 쉬웠을 텐데 말이에요. '졸업식(commencement)'이라는 단어는 '흔한(common)'과 '시멘트(cement)'로 이루어져 있습니다. 즉, '흔한 시멘트(common cement)'를 말하죠. 시멘트는 우리가 걸어 다니는 인도에서 흔히 볼 수 있죠. 인도에 금이 가 있고, 그 금을 밟으면 엄마의 허리가 부러집니다. 뭐, 그런 겁니다. 어쨌든 제가 이렇게 여러분의 '흔한 시멘트'에서 연설을 하게 해 주셔서 영광입니다.

저는 한 번도 대학에 다닌 적이 없습니다. 어떤 대학도요. 그렇다고 여러분이 시간과 돈을 낭비했다는 말은 아니지만, 저를 보세요. 저는 엄청난 유명인이잖아요. 그렇다면, 제가 오늘 왜 이 자리에 있는 걸까요? 여러분 때문입니다. 제가 뉴올리언스를 사랑하기 때문이기도 하죠. 저는 이곳에서 나고 자랐고, 이곳에서 제 인생의 중요한 성장기를 보냈습니다.

SPEECH 5-2 엘런 디제너러스 툴레인 대학교 졸업식 축사

When I finished school, I **was completely lost**—and by school, I mean middle school—but I **went ahead** and finished high school anyway. And I really **had no ambition**; I didn't know what I wanted to do.

I did everything: I **shucked** oysters, I was a hostess, I was a bartender, I was a waitress, I painted houses, I sold vacuum cleaners. I **had no idea**, and I thought I'd just finally **settle in** some job and I would **make enough money to pay my rent**. I didn't really **have a plan**.

My point is that, by the time I was your age, I really thought I knew who I was, but I **had no idea**. I **had no idea** what I wanted to do with my life, and the way I **ended up** on this path was because of a very **tragic event**. I was maybe 19, and my girlfriend at the time was killed in a **car accident**.

주요 표현 확인

be completely lost 완전히 갈 길을 잃다
go ahead 진행하다, 밀고 나가다
have no ambition 야망이 없다
shuck 껍데기를 벗기다
make enough money to ~할 만큼의 돈을 벌다

pay one's rent ~의 집세를 내다
have a plan 계획을 가지다
my point is that 내가 말하고자 하는 점은 ~이다
end up 결국 ~이 되다, 결국 ~하게 되다
tragic event 비극적인 사건
car accident 자동차 사고

핵심 패턴 연습

- **have no idea** 전혀 모른다, 아무 생각도 없다

  She asked me a question, but I **had no idea** how to answer.
  그녀가 나에게 질문했지만, 나는 어떻게 대답해야 할지 전혀 몰랐다.

  They **have no idea** what he is up to.
  그들은 그가 무엇을 계획하고 있는지 전혀 모른다.

- **settle in** ~에 정착[적응]하다, ~에 자리 잡다

  It took me a few months to **settle in** at my new job.
  나는 새 직장에 적응하는 데 몇 달 걸렸다.

  She **settled in** quickly after moving to a new school.
  그녀는 새로운 학교로 전학을 간 후에 빠르게 적응했다.

낭독 훈련

/ 끊어 읽기   ● 강세 넣기

When I **fi**nished **school**, / I was com**ple**tely **lost** / —and by **school**, / I mean **mid**dle school / —but I went a**head** / and **fi**nished **high** school **a**nyway. / And I **real**ly had **no** am**bi**tion; / I **didn't** know **what** I wanted to **do**.

I did **e**verything: / I **shuck**ed **oy**sters, / I was a **hos**tess, / I was a **bar**tender, / I was a **wai**tress, / I painted **hou**ses, / I sold **va**cuum cleaners. / I had **no** idea, / and I thought I'd just **fi**nally **set**tle in some **job** / and I would make e**nough mo**ney / to **pay** my **rent**. / I **didn't** really have a **plan**.

My **point** is that, / by the **ti**me I was **your a**ge, / I **real**ly thought I **knew** who I **was**, / but I had **no** i**dea**. / I had **no** i**dea** / **what** I wanted to **do** with my **life**, / and the **way** I ended **up** on this **path** / was because of a **ver**y **tra**gic e**vent**. / I was maybe **19**, / and my **girl**friend at the **ti**me / was **kill**ed in a **car** ac**ci**dent.

제가 학교를 졸업했을 때, 저는 완전히 인생의 길을 잃은 상태였습니다. 여기서 말하는 '학교'는 중학교를 뜻합니다. 그래도 어찌 됐든 고등학교까지는 마쳤거든요. 저는 아무런 야망도 없었고, 무엇을 하고 싶은지도 몰랐습니다.

저는 정말 별의별 일을 다 해 봤습니다. 굴을 까는 일부터, 식당 종업원도 해 봤고, 바텐더도 해 봤고, 웨이트리스도 해 봤고, 집을 페인트칠하는 일도 해 봤고, 청소기 영업까지도 해 봤습니다. 저는 정말 아무 생각이 없었고, 그냥 언젠가 적당한 일자리를 얻어 월세만 낼 수 있다면 그걸로 충분하다고 생각했습니다. 제게 계획 같은 건 전혀 없었습니다.

제가 드리고 싶은 말은, 여러분 나이쯤 됐을 때 저는 '내가 누구인지' 알고 있다고 생각했지만, 사실은 스스로에 대해 전혀 몰랐다는 겁니다. 제가 무엇을 하고 싶은지, 어떤 인생을 살고 싶어 하는지도 몰랐어요. 그리고 지금의 이 길로 들어서게 된 건 아주 비극적인 사건 때문이었습니다. 제가 19살쯤이었고, 그때 사귀던 여자 친구가 교통사고로 세상을 떠났습니다.

엘런 디제너러스 툴레인 대학교 졸업식 축사

At that time, I was living in a basement apartment. I had no money, no heat, and no air. I had a mattress **on the floor**, and the apartment **was infested with fleas**. And I **was soul-searching**: "Why is she suddenly gone, and there are fleas here? I don't understand. There must be a purpose. And wouldn't it be so convenient if we could **pick up the phone** and call God and ask these questions?"

So I started writing, and what **poured out of** me was an imaginary **conversation** with God, which was **one-sided**. After I finished writing it, I looked at it and **said to myself**—and I hadn't even been doing stand-up[1], ever; there was no club in town—"I'm going to do this on The Tonight Show[2] with Johnny Carson[3]." At the time, he was the king. "And I'm going to be the first woman **in the history of** the show to **be called over to** sit down."

---

1 stand-up 스탠드업 코미디. 코미디언 한 명이 마이크를 들고 무대에 홀로 서서 관객에게 웃음을 유발하는 형식의 공연이다.
2 The Tonight Show 더 투나잇 쇼. 1954년부터 시작된 미국 NBC의 유서 깊은 심야 토크쇼. 미국 내 최고 시청률을 기록하는 프로그램 중 하나이다.
3 Johnny Carson 자니 카슨. 미국의 전설적인 코미디언이자 방송인으로, 1962년부터 1992년까지 30년 동안 역대 최장 기간 '더 투나잇 쇼'를 진행하였다. 현대 심야 토크쇼의 표준을 정립한 '토크쇼의 황제'로도 불린다.

주요 표현 확인

on the floor 바닥에
be infested with ~으로 들끓다, ~으로 가득하다
flea 벼룩
be soul-searching 자기 성찰 중이다

pick up the phone 전화기를 들다
pour out of ~에서 쏟아져 나오다
conversation 대화
one-sided 일방적인
be called over to ~하러 불려 가다

핵심 패턴 연습

- **say to oneself** 혼잣말하다, 속으로 말하다

    "You can do this," I **said to myself** before going on stage.
    무대에 오르기 전에 나는 "할 수 있어."라고 혼잣말했다.

    I **said to myself**, "This looks familiar."
    나는 속으로 "이거 낯익은데."라고 말했다.

- **in the history of** ~의 역사상

    This was the greatest achievement **in the history of** science.
    이것은 과학의 역사상 가장 위대한 업적이었다.

    It was one of the greatest moments **in the history of** baseball.
    야구 역사상 가장 위대한 순간 중 하나였다.

낭독 훈련

/ 끊어 읽기   ● 강세 넣기

At that **ti**me, / I was **li**ving in a **ba**sement a**part**ment. / I had **no mo**ney, / **no heat**, / and **no air**. / I had a **mat**tress on the **floor**, / and the a**part**ment was in**fest**ed with **fleas**. / And I was **soul**-searching: / "**Why** is she **sud**denly **gone**, / and there are **fleas** here? / I **don't** under**stand**. / There **must** be a **pur**pose. / And **wouldn't** it be so con**ve**nient / if we could pick **up** the **pho**ne and call **God** / and **ask** these **ques**tions?"

So I **start**ed **wri**ting, / and what poured **out** of me / was an i**ma**ginary conver**sa**tion with **God**, / which was **one**-sided. / After I **fi**nished **wri**ting it, / I **look**ed at it / and **said** to my**self** / —and I **hadn't** even been **do**ing **stand**-up, / **e**ver; / there was **no club** in **town** / —"I'm going to **do** this / on The To**night** Show with **John**ny **Car**son." / At the **ti**me, / he was the **king**. / "And I'm **go**ing to be the **first wo**man / in the **his**tory of the **show** / to be called **o**ver to sit **down**."

그 당시, 저는 지하 원룸에 살고 있었습니다. 돈도 없었고, 난방도 없었고, 에어컨도 없었어요. 바닥에는 매트리스 하나 깔려 있었고, 방 안은 벼룩으로 들끓고 있었습니다. 저는 스스로에게 질문하며 마음의 답을 찾으려 애쓰고 있었죠. "왜 그녀는 갑자기 떠났고, 이곳은 벼룩이 들끓는 걸까? 도무지 이해가 안 돼. 분명 어떤 이유가 있을 거야. 전화 한 통으로 신에게 이 모든 것들을 물어볼 수 있다면 얼마나 편할까?"

그래서 저는 글을 쓰기 시작했습니다. 그리고 제 안에서 쏟아져 나온 건, 하느님과 나누는 상상의 대화였어요. 혼자서 떠드는, 일방적인 대화였죠. 글을 다 쓰고 나서, 저는 그 글을 바라보며 스스로에게 이렇게 말했습니다. "나는 이걸 자니 카슨의 '더 투나잇 쇼'에서 공연하고 말 거야." 그런데 그때까지만 해도 저는 스탠드업 코미디를 한 번도 해 본 적이 없었습니다. 동네에 그런 걸 할 코미디 클럽조차 없었거든요. 참고로, 당시 자니 카슨은 토크쇼의 왕이었어요. "그리고 나는 그 쇼 역사상 처음으로 토크석에 앉아 이야기를 나누는 여성이 될 거야."라고 다짐했죠.

엘런 디제너러스 툴레인 대학교 졸업식 축사

Several years later, I was the first woman in the history of the show—and the only woman in the history of the show—to sit down, because of that phone conversation with God that I wrote.

And I **started this path of** stand-up, and it was successful, but it was hard because I was trying to **please** everybody. I had this secret that I was keeping: that I was **gay**. And I thought that if people **found out**, they wouldn't like me—they wouldn't laugh at me.

Then my career **turned into** something bigger. I got my own sitcom[1], and that was very successful, **another level of success**. And I thought, "**What if** they **find out** I'm gay? Then they'll never watch." And this was a long time ago, when we just had white presidents. But anyway, it was many years ago.

---

1 sitcom 시트콤. 상황 코미디(Situation Comedy)의 줄임말로, 매회 동일한 주요 인물들이 집과 학교 등 고정된 배경에서 겪는 유머러스한 사건을 통해 웃음을 유발하는 TV 프로그램이다.

주요 표현 확인

start a path of ~의 길을 걷기 시작하다

please someone ~를 기쁘게 하다[만족시키다]

gay 동성애자, 동성애자의

find out 알아내다, 발견하다

another level of success 차원이 다른 성공, 매우 큰 성공

핵심 패턴 연습

- **turn into** ~이 되다, ~으로 변하다

    He **turned into** a completely different person.
    그는 완전히 다른 사람으로 변했다.

    What started as a joke **turned into** a serious argument.
    농담으로 시작한 것이 심각한 말다툼으로 발전했다.

- **What if** ~한다면 어쩌지?, 만약 ~라면 어떻게 될까?

    What if it rains tomorrow? Should we cancel the trip?
    내일 비가 오면 어쩌죠? 여행을 취소해야 하나요?

    What if I had studied harder?
    내가 더 열심히 공부했었더라면 어떻게 되었을까?

낭독 훈련

/ 끊어 읽기   ● 강세 넣기

Several years later, / I was the first woman in the history of the show / —and the only woman in the history of the show / —to sit down, / because of that phone conversation with God / that I wrote.

And I started this path of stand-up, / and it was successful, / but it was hard / because I was trying to please everybody. / I had this secret / that I was keeping: / that I was gay. / And I thought that if people found out, / they wouldn't like me / — they wouldn't laugh at me.

Then my career / turned into something bigger. / I got my own sitcom, / and that was very successful, / another level of success. / And I thought, / "What if they find out I'm gay? / Then they'll never watch." / And this was a long time ago, / when we just had white presidents. / But anyway, / it was many years ago.

몇 년 뒤, 저는 실제로 그 쇼의 역사상 처음이자 유일한, 토크석에 초대받아 앉은 여성 코미디언이 되었습니다. 제가 쓴 '하느님과의 전화 통화' 덕분이었습니다.

그리고 그때부터 저는 스탠드업 코미디의 길을 걷기 시작했습니다. 그 길은 성공적이었습니다. 하지만 힘든 길이었죠. 제가 모두를 만족시키려고 애썼거든요. 당시 저는 비밀을 하나 품고 있었습니다. 바로 제가 동성애자라는 사실이었어요. 사람들이 이 사실을 알게 되면 저를 좋아하지 않을 것 같았고, 제 농담에 더는 웃지 않을 것 같았습니다.

그러던 중, 제 커리어는 더 큰 무대로 이어졌습니다. 저는 제 이름을 건 시트콤을 갖게 되었고, 엄청난 성공을 거두었습니다. 정말이지 차원이 다른 성공이었어요. 하지만 이런 생각이 들었습니다. "만약 사람들이 내가 동성애자라는 걸 알게 되면 어쩌지? 그러면 사람들은 다시는 내 프로그램을 보지 않을 거야." 그때는 아주 오래전이라서, 지금과 달리 오직 백인 대통령만 있던 시절이었거든요. 아무튼, 아주 오래전 일이었습니다.

SPEECH 5-5 엘런 디제너러스 툴레인 대학교 졸업식 축사

I finally decided that I was **living with** so much shame and so much fear that I just couldn't live that way anymore. So I decided to **come out** and **make it creative**. And my character would **come out** at the same time. It wasn't to **make a political statement**. It wasn't to do anything other than to **free myself from** this heaviness that I was **carrying around**. I just wanted to be honest. And I thought, "What's the worst that could happen? I could **lose my career**."

I did. I **lost my career**. The show was cancelled after six years without even telling me. The phone didn't ring for three years. I had no offers. Nobody wanted to touch me at all.

Yet, I was getting letters from kids that almost **committed suicide**, but didn't because of what I did. And I realized that I had a purpose. And it wasn't just about me, and it wasn't about celebrities.

주요 표현 확인

live with ~와 함께 살다, ~을 안고 살다

come out (정체성이나 감정 등을) 밝히다, 털어놓다, 커밍아웃하다

make it creative 창의적으로 표현하다

make a political statement 정치적 의사 표현을 하다

lose one's career ~의 커리어를 날려 버리다

commit suicide 자살하다

핵심 패턴 연습

- **free oneself from** ~으로부터 해방시키다, ~에서 벗어나다

    Meditation helps me **free myself from** stress.
    명상은 스트레스 해소에 도움이 된다.

    She tried to **free herself from** fear.
    그녀는 두려움에서 벗어나려고 노력했다.

- **carry around** 짊어지고 다니다, 들고 다니다

    I always **carry around** a notebook to jot down ideas.
    나는 아이디어를 적으려고 항상 노트를 들고 다닌다.

    Don't **carry around** too much cash.
    현금을 너무 많이 들고 다니지 마라.

낭독 훈련

/ 끊어 읽기   ● 강세 넣기

I **fi**nally de**ci**ded that / I was **li**ving with **so** much **sha**me / and **so** much **fear** / that I **just** couldn't **li**ve that **way** any**mo**re. / So I de**ci**ded to come **out** / and **ma**ke it cre**a**tive. / And my **cha**racter would come **out** / at the **sa**me **ti**me. / It **wasn't** to make a po**li**tical **sta**tement. / It **wasn't** to **do** anything / other than to **free** myself / from this **hea**viness that I was carrying a**round**. / I **just** wanted to be **ho**nest. / And I **thought**, / "**What's** the **worst** that could **hap**pen? / I could **lo**se my ca**reer**."

I **did**. / I **lost** my ca**reer**. / The **show** was **can**celled after **six** years / with**out** even **tell**ing me. / The **phone** didn't **ring** / for **three** years. / I had **no of**fers. / **No**body **want**ed to **touch** me at **all**.

Yet, / I was getting **let**ters from **kids** / that **al**most com**mit**ted **su**icide, / but **didn't** because of **what** I **did**. / And I **re**alized that I had a **pur**pose. / And it **wasn't** just about **me**, / and it **wasn't** about ce**le**brities.

결국 저는 더 이상 그렇게 수치심과 두려움 속에서 살 수 없다는 결론에 이르렀습니다. 저는 커밍아웃을 하기로 결심했고, 그 과정을 창의적으로 풀어내기로 했습니다. 그래서 같은 시기에 제가 연기하던 캐릭터도 커밍아웃을 하게 됐습니다. 그건 어떤 정치적 메시지를 전하기 위한 것이 아니었어요. 그저 제가 짊어지고 있던 무거운 짐에서 자유로워지기 위한 것이었습니다. 저는 그냥 솔직해지고 싶었습니다. 그리고 생각했죠. "앞으로 최악의 경우, 어떤 일이 벌어질까? 내 커리어를 잃게 되겠지."

그리고 실제로 그렇게 됐습니다. 커리어를 잃었습니다. 제 쇼는 6년 만에, 저에게 아무런 예고도 없이 갑자기 종영됐고, 3년 동안 저에게는 전화 한 통 오지 않았습니다. 그 누구도 저와 일하려 하지 않았어요.

그렇지만, 저는 아이들로부터 많은 편지를 받았습니다. 자살 직전까지 갔지만, 제 행동 덕분에 마음을 바꿨다는 아이들이었죠. 그때 저는 제게 주어진 '목적'이 있다는 것을 깨달았습니다. 그리고 그 목적은 단지 나 자신을 위한 일도 아니고, 유명인으로서의 일도 아니었습니다.

SPEECH 5-6 엘런 디제너러스 툴레인 대학교 졸업식 축사

But I felt like I was **being punished**, and it was **a bad time**. I was angry. I was sad. And then I **was offered** a talk show. The people who **offered** me the talk show tried to sell it, but most stations didn't want to **pick** it **up**. Most people didn't want to buy it because they thought nobody would watch me.

Really, when I **look back on** it, I wouldn't change a thing. I mean, **it was** so **important for** me **to lose everything**, because I found out that the most important thing is to **be true to yourself**. Ultimately, that's what's gotten me to this place. I don't **live in fear**. I'm free. I have no secrets and I know I'll always be okay, because no matter what, I know **who I am**.

주요 표현 확인

be punished 벌을 받다
a bad time 힘든 시기
be offered something ~을 제안받다
offer someone something ~에게 …을 제안하다
pick something up ~을 채택하다, ~을 집어 들다

it is important for someone to ~에게 …이 중요하다, ~가 …하는 것은 중요하다
lose everything 모든 것을 잃다
live in fear 두려움 속에서 살다
who I am 내가 누구인지, 나의 정체성

핵심 패턴 연습

- **look back on** ~을 되돌아보다, ~을 회상하다

  He **looked back on** his mistakes and learned from them.
  그는 자신의 실수를 되돌아보고 깨달음을 얻었다.

  Someday, you will **look back on** these times and smile.
  언젠가, 이 시절을 되돌아보며 웃게 될 것이다.

- **be true to oneself** 자신에게 솔직하다

  It is important to **be true to yourself** when making big decisions.
  큰 결정을 내릴 때 자신에게 솔직한 것이 중요하다.

  To be happy, you have to **be true to yourself**.
  행복해지려면 자기 자신에게 솔직해져야 한다.

낭독 훈련

/ 끊어 읽기   ● 강세 넣기

But I **fel**t like I was being **pu**nished, / and it was a **bad ti**me. / I was **an**gry. / I was **sad**. / And **then** I was **of**fered a **talk** show. / The **peo**ple who **of**fered me the **talk** show / tried to **sell** it, / but **most sta**tions / **didn't** want to **pick** it **up**. / **Most** people **didn't** want to **buy** it / because they **thought no**body would **watch** me.

Really, / when **I** look **back** on it, / I **wouldn't chan**ge a **thing**. / I mean, / it was **so** im**por**tant for me / to **lo**se **e**verything, / because I found **out** that the **most** im**por**tant thing / is to be **true** to your**self**. / **Ul**timately, / **that's** what's **got**ten me to this **pla**ce. / I **don't** live in **fear**. / I'm **free**. / I have **no se**crets / and I **know** I'll **al**ways be o**kay**, / because no **mat**ter **what**, / I **know** who I **am**.

하지만 당시 저는 마치 벌을 받고 있는 것 같았습니다. 정말 힘든 시기였죠. 화도 나고, 슬프기도 했습니다. 그러던 중, 토크쇼 제안이 들어왔어요. 그 제안을 해 준 사람들은 방송국에 프로그램을 팔기 위해 애썼지만, 대부분의 방송국은 그 쇼를 편성하려 하지 않았습니다. 대부분의 사람들은 아무도 저를 보지 않을 거라고 생각했기 때문이죠.

하지만 정말이지, 지금 돌아보면, 저는 아무것도 바꾸고 싶지 않아요. 모든 걸 잃은 경험이 제게는 너무나 중요했어요. 그 과정을 통해 저는 가장 중요한 건 '자기 자신에게 솔직해지는 것'이라는 걸 깨달았거든요. 결국, 그게 저를 지금 이 자리까지 오게 했어요. 저는 더 이상 두려움 속에서 살지 않습니다. 자유롭습니다. 이제는 비밀도 없습니다. 그리고 확신해요. 무슨 일이 있어도 저는 항상 괜찮을 거라는 걸요. 왜냐하면 저는 제가 누구인지 알고 있으니까요.

엘런 디제너러스 툴레인 대학교 졸업식 축사

In conclusion, when I was younger, I thought success was something different. I thought, "When I **grow up**, I want to be famous. I want to be a star. I want to **be in movies**. When I **grow up**, I want to see the world and drive nice cars."

But my idea of success is different today. And as you grow, you'll realize the definition of success changes. The most important thing in your life is to **live your life with integrity** and not to **give in to peer pressure** to try to be something that you're not, to live your life as an honest and compassionate person, to contribute in some way.

So, to conclude my conclusion, follow your passion, **stay true to yourself**. Never follow anyone else's path, unless you're in the woods and you're lost and you see a path and, **by all means**, you should follow that. Don't give advice—it will **come back** and **bite** you **in the ass**. Don't **take** anyone's **advice**. So, my advice to you is to **be true to yourself**, and everything will be fine.

주요 표현 확인

in conclusion 결론적으로

grow up 자라다, 성장하나

be in movies
영화에 출연하다, 영화에 나오다

live one's life with integrity
~의 삶을 정직하게 살다

peer pressure
또래 집단으로부터 받는 사회적 압박

stay[be] true to oneself
자신에게 솔직하다, 자신에게 진실되다

by all means 물론, 반드시, 어쨌든

come back 되돌아오다

take someone's advice
~의 조언을 새겨듣다[따르다]

핵심 패턴 연습

- **give in to** ~에 굴복하다

  I don't think he will **give in to** pressure.
  압박을 한다고 해서 그가 굴복할 것 같지는 않다.

  They refused to **give in to** threats.
  그들은 협박에 굴복하지 않았다.

- **bite someone in the ass**
  ~에게 안 좋은 결과를 초래하다, ~에게 해가 되다

  Skipping class might **bite** you **in the ass** later.
  수업을 빼먹은 것이 나중에 안 좋은 결과로 돌아올 수도 있다.

  He thought he was being smart, but it **bit** him **in the ass**.
  그는 자기 자신이 똑똑하게 처신하고 있다고 생각했지만, 그것이 결국 그에게 불리하게 작용했다.

낭독 훈련

/ 끊어 읽기   ● 강세 넣기

In conclusion, / when I was younger, / I thought success was something different. / I thought, / "When I grow up, / I want to be famous. / I want to be a star. / I want to be in movies. / When I grow up, / I want to see the world / and drive nice cars."

But my idea of success / is different today. / And as you grow, / you'll realize the definition of success / changes. / The most important thing in your life / is to live your life with integrity / and not to give in to peer pressure / to try to be something that you're not, / to live your life / as an honest and compassionate person, / to contribute in some way.

So, / to conclude my conclusion, / follow your passion, / stay true to yourself. / Never follow anyone else's path, / unless you're in the woods / and you're lost and you see a path / and, by all means, / you should follow that. / Don't give advice / —it will come back / and bite you in the ass. / Don't take anyone's advice. / So, / my advice to you / is to be true to yourself, / and everything will be fine.

결론적으로 말하자면, 어릴 때 저는 성공을 지금과는 전혀 다르게 생각했어요. "어른이 되면 유명해지고 싶어. 스타가 되고 싶어. 영화에 출연하고 싶어. 세상을 여행하고 멋진 차를 몰고 다니고 싶어." 그게 성공이라고 생각했죠.

하지만 지금은 성공에 대한 생각이 완전히 달라졌습니다. 여러분도 점점 나이가 들면 성공의 정의가 달라진다는 것을 깨닫게 될 겁니다. 진실되게 사는 것, 본래의 내 모습이 아닌 다른 무언가가 되라고 말하는 주변의 압박에 굴복하지 않는 것, 정직하고 따뜻한 마음을 가진 사람으로 사는 것, 그리고 어떤 식으로든 세상에 기여하며 사는 것, 이런 것들이 인생에서 가장 중요한 것입니다.

제 말을 다시 한번 정리하자면, 여러분이 사랑하는 일을 따라가세요. 스스로에게 진실되게 사세요. 절대 다른 누군가의 길을 따라가지 마세요. 물론, 숲속에서 길을 잃었는데 눈앞에 누군가 지나간 길이 보이면, 그때는 무조건 따라가야죠. 충고도 하지 마세요. 언젠가 그 충고가 결국 여러분에게 부메랑이 되어 돌아올 겁니다. 남의 조언도 너무 곧이곧대로 듣지 마세요. 그러니까, 여러분에게 드리는 제 조언은 바로, 스스로에게 진실되게 살라는 것입니다. 그러면 결국 모든 일이 다 잘될 거예요.

SPEECH 5-8 엘런 디제너러스 툴레인 대학교 졸업식 축사

I know that a lot of you are concerned about your future, but **there's no need to** worry. The economy **is booming**, the **job market** is **wide open**, the planet is just fine. It's going to be great.

You've already survived a hurricane. What else can happen to you? And as I mentioned before, some of the most **devastating** things that happen to you will **teach** you **the most**. And now you know the right questions to ask in your first **job interview**, like, "Is it **above sea level**?"[1]

To conclude my conclusion that I've previously concluded in the common cement speech, I guess what I'm trying to say is: Life is like one big Mardi Gras. But **instead of** showing your boobs, show people your brain, and if they like what they see, you'll have more beads[2] than you know what to do with. So, I say congratulations, and if you don't remember a thing I said today, remember this: You're going to be okay. Dum de dum dum dum, just dance[3].

---

1 **Is it above sea level?** 뉴올리언스의 상당 부분이 해수면보다 낮아 허리케인 피해에 취약하다는 지리적 특성을 배경으로 한 농담. 졸업생들이 앞으로 홍수의 위험이 없는 안전한 곳에서 새 삶을 시작하기를 바라는 마음을 재치 있게 표현했다.
2 **beads** 구슬 목걸이. 퍼레이드의 구경꾼들에게 구슬 목걸이 등 기념품을 던져 주는 것이 마르디 그라 축제의 주요 전통이다. 일부 사람들은 더 많은 목걸이를 받기 위해 옷을 들어 올려 신체를 노출하기도 한다.
3 **just dance** 당시 유행하던 레이디 가가(Lady Gaga)의 노래 'Just Dance' 가사를 인용한 부분.

주요 표현 확인

job market 취업 시장, 구직 시장
wide open 활짝 열린
devastating 매우 파괴적인
teach someone the most
~에게 가장 큰 교훈을 주다

job interview 취업 면접
above sea level 해수면보다 높은
instead of ~ 대신에

핵심 패턴 연습

- **there's no need to** ~할 필요 없다

   There's no need to rush like that.
   그렇게 서두를 필요 없다.

   There's no need to explain everything to me.
   나한테 모든 것을 일일이 다 설명할 필요 없다.

- **be booming** 호황을 맞다, 번창하다

   Tourism **is booming** in the city after the new airport opened.
   새 공항이 문을 연 뒤, 그 도시의 관광이 번창하고 있다.

   Big tech companies **are booming** with the rise of AI.
   인공 지능의 부상으로 빅테크 기업들이 번창하고 있다.

낭독 훈련

I know that a lot of you / are concerned about your future, / but there's no need to worry. / The economy is booming, / the job market is wide open, / the planet is just fine. / It's going to be great.

You've already survived a hurricane. / What else can happen to you? / And as I mentioned before, / some of the most devastating things / that happen to you / will teach you the most. / And now you know the right questions to ask / in your first job interview, / like, "Is it above sea level?"

To conclude my conclusion / that I've previously concluded / in the common cement speech, / I guess what I'm trying to say is: / Life is like one big Mardi Gras. / But instead of showing your boobs, / show people your brain, / and if they like what they see, / you'll have more beads / than you know what to do with. / So, I say congratulations, / and if you don't remember a thing I said today, / remember this: / You're going to be okay. / Dum de dum dum dum, just dance.

여러분 중 많은 분들이 미래에 대해 걱정하고 있다는 걸 알아요. 하지만 걱정할 필요 없습니다. 경제는 호황이고, 취업 시장은 활짝 열려 있으며, 지구도 멀쩡합니다. 모든 게 다 잘될 거예요.

여러분은 이미 허리케인도 견뎌 냈잖아요. 이제 무슨 일이 더 있겠어요? 그리고 앞서 말했듯이, 여러분 인생의 가장 힘든 일들이 오히려 가장 큰 가르침을 주기도 한답니다. 그리고 이제는 첫 직장 면접에서 어떤 질문을 해야 좋을지도 알게 됐죠. 예를 들면, "이 회사는 해수면보다 높은 곳에 있나요?"처럼 말이죠.

제가 이 '흔한 시멘트' 연설의 결론을 다시 한번 정리하자면, 결국 제가 드리고 싶은 말은 이렇습니다. 인생은 마치 하나의 큰 마르디 그라 축제와 같습니다. 하지만 사람들에게 여러분의 가슴을 드러내 보여 주는 대신, 여러분의 두뇌를 보여 주세요. 만약 사람들이 자신이 본 것을 좋아한다면, 여러분은 주체할 수 없을 만큼 많은 비즈 목걸이를 갖게 될 겁니다. 그러니, 축하의 말을 전합니다. 만약 오늘 제가 한 말이 전혀 기억나지 않더라도, 이것 하나만은 기억하세요. 여러분은 다 잘될 겁니다. 그러니 덤 디 덤 덤 덤, 그냥 춤이나 추세요.

연설문 요약

2009학년도 졸업생 여러분, 졸업을 축하해요! 저는 대학을 나오지도 않았고, 처음에는 제가 뭘 하고 싶은지도 몰랐어요. 식당 일, 페인트칠 등 먹고 살기 위해 그냥 뭐든 했죠. 그러다 **가장 사랑했던 사람을 잃는 아픔**을 겪고, "왜 이런 일이 일어났을까?" 스스로에게 질문하며 글을 썼어요. 그 글이 **제 코미디 무대의 첫 시작**이 됐죠.

하지만 성공한 뒤에도 **저는 제 진짜 모습을 숨기고 살았어요**. 저는 **동성애자**였고, 세상이 이 사실을 알게 되면 저를 받아들이지 않을까 봐 두려웠어요. 그러나 결국 **커밍아웃을 하기로 결심했죠**. TV 프로그램에서도, 현실에서도요. 그러자 제 쇼는 취소되고, **3년 동안 일도 끊겼어요**.

그런데 저의 솔직함을 보고 **용기를 얻었다는 편지들이** 오기 시작했어요. 그때 깨달았어요. **정직하게 사는 게 진짜 성공**이라는 걸요.

실패해도 괜찮아요. 아플 수도 있어요. 하지만 **진짜 나 자신으로 사는 용기**, 그게 여러분의 가장 큰 힘이 될 거예요. **스스로에게 솔직해지세요. 그러면 괜찮을 거예요.**

Congrats, Class of 2009! I didn't go to college, and I had no idea what I wanted to do. I worked random jobs—waitress, house painter—just to get by. **Then I lost someone I loved. It was painful.** I started writing and asking myself, "Why did this happen?" That writing became **my first stand-up routine.**

Even after success, **I was hiding who I really was.** I was **gay**, and scared that people would find out and wouldn't accept me. But **I decided to come out—on TV and in real** life. And then, my show was canceled. **For 3 years, I had no work.**

But I received **letters from young people who said they didn't give up**—because of my honesty. That's when I realized: **Being true to yourself is real success.**

You might fail. You might get hurt. But having **the courage to be your true self**—that's your greatest power. **Be honest with yourself. And you'll be okay.**

주제 토론

1 엘런 디제너러스는 어릴 때, 자신이 원하는 일이 뭔지 몰라 이것저것 닥치는 대로 일을 해 봤다고 해요. 여러분에게 세상 어떤 일이든 할 수 있는 기회가 있다면, 어떤 일을 해 보고 싶나요? 돈을 벌지 못하는 일이어도 돼요. 신나거나 웃긴 일, 아무 일이나 괜찮아요.

Ellen DeGeneres said that when she was young, she didn't know what she wanted to do, so she tried many different jobs. If you had the chance to try anything in the world—just for fun, even if it doesn't make money—what would you like to try?

2 엘런 디제너러스는 슬플 때 하느님과 대화하는 상상을 하며 글을 썼다고 해요. 여러분은 화나거나 힘들 때, 어떻게 그 기분을 푸나요?

Ellen DeGeneres says she imagined talking to God and wrote about it when she felt sad. What do you do to feel better when you're angry or having a hard time?

주제 토론 **1** 예시 답변

세상 어떤 일이든 해 볼 수 있다면, 저는 '휴대폰 없이 살아 보기 유튜버'가 되고 싶어요. 우리는 하루 종일 휴대폰을 들여다보며 살잖아요. 저는 하루, 이틀, 일주일 동안 휴대폰 없이 지내보는 실험을 하고 그 과정을 영상으로 기록하고 싶어요.

처음에는 불편하고 답답하겠지만, 오히려 사람들과 더 깊이 대화하고, 주변 풍경을 더 잘 느끼게 될 거라고 생각해요. 이 유튜브를 통해 사람들에게 휴대폰 없이도 충분히 즐겁게 살 수 있다는 것을 보여 주고 싶어요.

SPEECH

6

Jensen Huang's Speech at Caltech, 2024

젠슨 황 캘리포니아 공과 대학교 졸업식 축사, 2024

젠슨 황(Jensen Huang) 은 글로벌 AI 반도체 기업인 엔비디아(NVIDIA)의 공동 창립자이자 최고경영자(CEO)로, 전 세계 AI 산업을 이끌고 있는 인물이다.

2024년 캘리포니아 공과 대학교 졸업식 축사에서, 그는 급변하는 시대를 맞이하는 학생들에게 AI 혁명에 적극적으로 뛰어들고 실패를 기회로 삼으라고 당부했다. 또한, '고통을 견디는 능력', '장기적 몰입', '역경에서 기회를 발견하는 능력'이라는 세 가지 '슈퍼파워'를 제시하며 젊은 세대들에게 도전 정신과 끈기의 가치를 일깨워 주었다.

젠슨 황 캘리포니아 공과 대학교 졸업식 축사

Today is a day of **immense pride and joy—a dream come true** for all of you, but not just for you. Your parents and families have made countless sacrifices to see you **reach this milestone**. So let's **take this moment** and congratulate them, thank them, and let them know you love them. Your journey here is **a testament to** your character, determination, and willingness to make sacrifices for your dreams. You should be proud. The ability to make sacrifices and **endure pain and suffering**—you will need these qualities in life.

Last year, I was honored to **give the commencement address** at Taiwan University, and I shared several stories about NVIDIA[1]'s journey and the lessons we learned that might be valuable for graduates.

I'm **the longest-running** tech CEO in the world today, I believe. **Over the course of** 31 years, I've **managed not to go out of business**, not get bored, and not **get fired**. So, I **have the great privilege of** enjoying a lot of life's experiences—starting from creating NVIDIA, from nothing to **what it is today**.

---

1 NVIDIA 엔비디아. 젠슨 황이 공동 설립한 미국의 AI 반도체 설계 전문 기업. 그래픽 처리 장치(GPU) 기술을 기반으로 데이터센터, 자율주행, 로봇공학 등 AI 산업을 선도하는 세계적 혁신 기업으로 성장했다.

주요 표현 확인

immense pride and joy
엄청난 자부심과 기쁨

a dream come true
꿈이 이루어진 순간

reach a milestone
큰 성과를 이루어 내다, 이정표를 세우다

a testament to ~의 증거[상징]

endure pain and suffering
고통과 시련을 견디다

give a commencement address 졸업 연설을 하다

the longest-running
가장 오랫동안 계속되는, 가장 오래 운영 중인

over the course of ~의 과정 동안

manage not to
어떻게든 ~하지 않고 잘 버티다

get fired 해고되다

have the great privilege of
~하는 큰 특권을 누리다, ~하게 되어 큰 영광이다

what it is today
지금의 모습, 오늘날의 모습

핵심 패턴 연습

- **take a moment** (~하도록) 시간을 가지다, (~에) 짧은 시간을 내다

    Let's **take a moment** to thank our teachers.
    우리 선생님들께 감사하는 시간을 잠깐 가집시다.

    I need to **take a moment** to think.
    나는 잠깐 생각할 시간이 필요하다.

- **go out of business** 사업을 접다, 폐업하다

    If we don't get more customers, we might **go out of business**.
    고객을 더 늘리지 못하면, 사업을 접어야 할 수도 있다.

    Many small businesses **went out of business** during the pandemic.
    많은 소규모 사업체들이 팬데믹 기간 동안 폐업했다.

낭독 훈련

/ 끊어 읽기   ● 강세 넣기

Today is a day of immense pride and joy / —a dream come true / for all of you, / but not just for you. / Your parents and families / have made countless sacrifices / to see you reach this milestone. / So let's take this moment / and congratulate them, / thank them, / and let them know you love them. / Your journey here is a testament / to your character, / determination, / and willingness / to make sacrifices for your dreams. / You should be proud. / The ability to make sacrifices / and endure pain and suffering / —you will need these qualities in life.

Last year, / I was honored to give the commencement address / at Taiwan University, / and I shared several stories about NVIDIA's journey / and the lessons we learned / that might be valuable for graduates.

I'm the longest-running tech CEO / in the world today, I believe. / Over the course of 31 years, / I've managed not to go out of business, / not get bored, / and not get fired. / So, I have the great privilege / of enjoying a lot of life's experiences / —starting from creating NVIDIA, / from nothing to what it is today.

오늘은 여러분 모두에게 크나큰 자부심과 기쁨의 날, 그리고 꿈이 현실이 된 날입니다. 하지만 오늘은 여러분만을 위한 날이 아닙니다. 여러분이 이 자리에 오기까지, 부모님과 가족들 역시 수많은 희생과 헌신을 감내해 왔습니다. 그러니 지금 이 순간, 그분들께 축하를 전하고, 감사를 표현하고, 사랑한다는 마음도 꼭 전합시다. 여러분이 이 자리에 오기까지의 여정은, 여러분의 인격과 결단력, 그리고 꿈을 위해 기꺼이 희생을 감내한 태도를 보여 주는 증거입니다. 여러분은 스스로를 자랑스럽게 여겨야 합니다. 희생을 감수하고, 고통과 어려움을 견디는 능력, 이런 자질들은 앞으로의 삶에 반드시 필요할 것입니다.

지난해, 저는 타이완 대학교 졸업식에서 축사를 하는 영광을 가졌습니다. 그 자리에서 저는 엔비디아의 여정과 그 과정에서 우리가 얻은 교훈들을 나누었습니다. 그 이야기가 졸업생들에게 작은 도움이 되기를 바라는 마음으로요.

저는 아마 지금 세계에서 가장 오랫동안 재직 중인 기술 업계 CEO일 겁니다. 지난 31년간 저는 회사가 망하지 않도록, 제가 지루함을 느끼지 않도록, 그리고 해고를 당하지 않도록 어떻게든 잘 버텨 왔습니다. 그 덕분에 저는 엔비디아를 무(無)에서 지금의 모습으로 일구는 여정을 포함해, 삶의 수많은 경험들을 누릴 수 있는 큰 특권을 가질 수 있었습니다.

젠슨 황 캘리포니아 공과 대학교 졸업식 축사

I encouraged the graduates to **engage with** AI[1], the most **consequential** technology **of our time**. All of you know about AI. It's hard not to **be immersed in** it and surrounded by it. I hope that all of you are using it and **playing with** it, with surprising results—some magical, some disappointing, and some surprising. But you have to enjoy it, you have to **engage with** it, because it's advancing so quickly. It is the only technology that I've known that is advancing **on multiple exponentials** at the same time.

I **advised** the students **to** run—don't walk—and engage in the AI revolution. So today, what I want to do is share with you my perspective, **from my vantage point**, on some of the important things that are happening that you're graduating into.

The computer industry is **transforming from its foundations**, literally **from the studs**. Everything is changing **from the studs** up. And **across every layer**, and soon, every industry will also be transformed.

---

1 AI 인공지능. Artificial Intelligence의 약자. 인간의 지능이 가지는 학습·추론·지각 능력 등을 모방한 기능을 갖춘 컴퓨터 시스템이자, 인간의 지능을 기계 등에 인공적으로 구현하려는 컴퓨터 과학의 세부 분야 중 하나.

주요 표현 확인

consequential 중대한, 중요한
of one's time ~ 시대의
be immersed in ~에 몰입하다
play with
~을 가지고 놀다, ~을 여러모로 활용하다
on multiple exponentials
여러 분야에서 기하급수적으로

from one's vantage point
~의 관점에서, ~의 입장에서
transform from one's foundations ~의 근간부터 변화하다
from the studs 기초부터, 뼈대부터
across every layer
모든 층위를 넘나들며

핵심 패턴 연습

- **engage with** (적극적으로, 깊이) ~와 상호 작용하다, ~에 관여하다

  I love to **engage with** people from other countries.
  나는 다른 나라 사람들과 어울리는 것을 좋아한다.

  We need to actively **engage with** new technology.
  우리는 새로운 기술을 적극적으로 활용해야 한다.

- **advise someone to** ~에게 …하라고 조언하다

  The guide **advised** us **to** bring our own water.
  가이드는 우리에게 마실 물을 스스로 챙겨 오라고 조언했다.

  Doctors **advise** people **to** sleep at least 7 hours a day.
  의사들은 사람들에게 최소 7시간은 자라고 조언한다.

낭독 훈련

/ 끊어읽기 ● 강세 넣기

I encouraged the graduates to engage with AI, / the most consequential technology of our time. / All of you know about AI. / It's hard not to be immersed in it / and surrounded by it. / I hope that all of you are using it / and playing with it, / with surprising results / —some magical, / some disappointing, / and some surprising. / But you have to enjoy it, / you have to engage with it, / because it's advancing so quickly. / It is the only technology that I've known / that is advancing on multiple exponentials / at the same time.

I advised the students to run / —don't walk / —and engage in the AI revolution. / So today, / what I want to do / is share with you my perspective, / from my vantage point, / on some of the important things / that are happening that you're graduating into.

The computer industry / is transforming from its foundations, / literally from the studs. / Everything is changing from the studs up. / And across every layer, / and soon, / every industry will also be transformed.

저는 타이완대 졸업생들에게 우리 시대의 가장 중요한 기술인 AI를 적극적으로 접해 보라고 격려했습니다. 여러분 모두 AI에 대해 알고 있습니다. AI에 빠져 있지 않거나 AI에 둘러싸여 있지 않기란 어렵습니다. 저는 여러분 모두 AI를 사용해 보고, 가지고 놀아 보고, 놀라운 결과를 경험해 보길 바랍니다. 어떤 결과는 마법 같기도 하고, 어떤 결과는 실망스럽기도 하고, 어떤 결과는 놀랍기도 할 겁니다. 하지만 중요한 건, AI를 즐기고, 적극적으로 활용해야 한다는 겁니다. 왜냐하면 이 기술은 믿을 수 없을 만큼 빠른 속도로 발전하고 있기 때문입니다. 제가 아는 한, 동시에 여러 영역에서 기하급수적으로 발전하는 유일한 기술이기도 합니다.

그리고 저는 학생들에게 이렇게 조언했습니다. 천천히 걸어가지 말고, 전속력으로 달려가 AI 혁명에 뛰어들라고요. 그래서 오늘 저는 여러분이 이제 사회로 나가며 마주하게 될 중요한 변화들에 대해, 그리고 그 변화를 바라보는 저만의 시각에 대해 여러분과 이야기를 나누고 싶습니다.

컴퓨터 산업은 지금 그 근간부터 완전히 변화하고 있습니다. 말 그대로 그 뼈대에서부터, 모든 것이 밑바닥부터 완전히 변하고 있죠. 각 분야의 모든 층위가 변하고 있고, 머지않아 모든 산업 역시 완전히 바뀌게 될 겁니다.

SPEECH 6-3 젠슨 황 캘리포니아 공과 대학교 졸업식 축사

When I sat where you sat, the IT industry was **minuscule**. The concept that you could make money selling software was a fantasy. And yet today, it's one of the most important **commodities**, technologies, and product creations.

After **two decades of** advancing CUDA[1], NVIDIA's **accelerated computing** offers **a path forward**. **Accelerated computing** has **reached a tipping point**. It now gives us **a path forward** for sustainable computing, where cost will continue to decline as computing **requirements** continue to grow.

A whole new world of computing emerged. Geoff Hinton[2], Alex Krizhevsky[3], and Ilya Sutskever[4] used NVIDIA CUDA **GPU**s to train AlexNet[5] and **shocked** the **computer vision** community **by** winning the 2012 ImageNet Challenge[6]. This was **the big bang of** deep learning, **a pivotal moment** that **marked the beginning of** the AI revolution.

---

1 CUDA 쿠다. GPU에서 병렬 연산을 수행하기 위해 엔비디아가 개발한 플랫폼이자 프로그래밍 모델.
2 Geoff Hinton 제프리 힌턴(Geoffrey Hinton). 컴퓨터 과학자 겸 인지 과학자. 인공 신경망을 이용한 AI 머신러닝의 기초를 세운 공로로 노벨 물리학상을 수상하였으며, '딥러닝의 아버지'로도 불린다.
3 Alex Krizhevsky 알렉스 크리제브스키. 컴퓨터 과학자이자 딥러닝 및 컴퓨터 비전 분야 연구자이다.
4 Ilya Sutskever 일리야 수츠케버. 컴퓨터 과학자이자 오픈AI(OpenAI)의 공동 창립자이다.
5 AlexNet 알렉스넷. 알렉스 크리제브스키, 일리야 수츠케버, 제프리 힌턴이 엔비디아의 GPU를 사용해 공동 개발한 심층 신경망으로, 이미지 인식 작업에서 압도적 성능을 기록하며 딥러닝의 전성기를 열었다.
6 ImageNet Challenge 이미지넷 챌린지. AI 기술을 활용하여 이미지 인식 능력을 겨루는 국제 대회.

주요 표현 확인

minuscule 극소의, 아주 작은

commodity 상품

two decades of 20년의

accelerated computing
가속 컴퓨팅(GPU 등 하드웨어를 활용해 연산 속도를 높이는 컴퓨팅 기술)

a path forward 앞으로 나아갈 길

reach a tipping point
임계점에 다다르다, 전환점에 도달하다

requirement 필요량, ~에 요구되는 것

GPU
그래픽 처리 장치(= Graphics Processing Unit)

shock someone by
~로 …를 놀래키다

computer vision
컴퓨터 비전(컴퓨터가 이미지나 영상을 분석하고 이해하는 기술)

the big bang of
~의 시작을 알리는 큰 사건, ~의 대변혁(빅뱅)

핵심 패턴 연습

- **a pivotal moment** 중요한 전환점, 결정적 순간

    Signing that contract was **a pivotal moment** in our partnership.
    그 계약서에 서명한 것이 우리 파트너십의 중대한 전환점이었다.

    The introduction of smartphones marked **a pivotal moment** in communications.
    스마트폰의 등장은 통신 분야의 분수령이 되었다.

- **mark the beginning of** ~의 서막을 올리다, ~의 시작을 알리다

    The war **marked the beginning of** a long-term conflict.
    그 전쟁이 오랜 갈등의 서막을 올렸다.

    ChatGPT **marked the beginning of** a new era where AI became part of daily life.
    챗지피티(ChatGPT)는 AI가 일상의 일부가 된 새로운 시대의 서막을 올렸다.

낭독 훈련

/ 끊어 읽기   ● 강세 넣기

When I sat where you sat, / the IT industry was minuscule. / The concept that you could make money selling software / was a fantasy. / And yet today, / it's one of the most important commodities, / technologies, / and product creations.

After two decades of advancing CUDA, / NVIDIA's accelerated computing / offers a path forward. / Accelerated computing / has reached a tipping point. / It now gives us a path forward / for sustainable computing, / where cost will continue to decline / as computing requirements continue to grow.

A whole new world of computing emerged. / Geoff Hinton, / Alex Krizhevsky / and Ilya Sutskever / used NVIDIA CUDA GPUs to train AlexNet / and shocked the computer vision community / by winning the 2012 ImageNet Challenge. / This was the big bang of deep learning, / a pivotal moment / that marked the beginning of the AI revolution.

제가 지금 여러분의 자리에 앉아 있었을 때, IT 산업은 정말 미미한 수준이었습니다. 그리고 소프트웨어를 팔아서 돈을 번다는 개념 자체가 꿈같은 이야기였죠. 하지만 지금, 소프트웨어는 가장 중요한 자산이자 기술이며, 핵심적인 제품이 되었습니다.

엔비디아는 지난 20년간 쿠다 기술을 발전시켜 왔고, 가속 컴퓨팅은 이제 우리가 앞으로 나아갈 길을 제시하고 있습니다. 가속 컴퓨팅은 이제 전환점에 도달했습니다. 이 기술은 지속 가능한 컴퓨팅을 향한 길을 열어 주고 있습니다. 즉, 컴퓨팅 수요가 계속 증가하더라도, 비용은 오히려 줄어드는 구조가 가능해진 것입니다.

그리고 그렇게 해서 완전히 새로운 컴퓨팅의 세계가 열렸습니다. '딥러닝의 아버지'로 불리는 제프 힌턴, 알렉스 크리제브스키, 일리야 수츠케버는 엔비디아의 쿠다 GPU를 사용해 알렉스넷을 학습시켰고, 2012년 이미지넷 챌린지에서 우승하며 컴퓨터 비전 분야에 큰 충격을 주었습니다. 이 사건은 딥러닝의 빅뱅이자, AI 혁명의 시작을 알린 결정적인 순간이었습니다.

젠슨 황 캘리포니아 공과 대학교 졸업식 축사

Our decisions after AlexNet transformed our company. We **saw the potential of** deep learning and believed the **approach** could learn other **valuable functions**. However, there were challenges at the time.

How could we **explore the limits of** deep learning without having to build these **massive** GPU clusters[1]? At the time, we were a rather small company, and building these **massive** GPU clusters could have cost **hundreds of millions of** dollars. However, no one knew how far deep learning could **scale**. And if we didn't build it, we'd never know. Our logic was: if we don't build it, they can't come.

So we **dove deep into** deep learning, and **over the next decade**, **systematically reinvented** everything. We reinvented every computing layer, starting with the GPU itself. We invested billions into **the unknown**. Thousands of engineers worked for a decade on deep learning—advancing and **scaling** it—without really knowing how far we could really take the technology.

---

1 **GPU cluster** GPU 클러스터. 방대한 양의 데이터를 빠르게 처리하고 복잡한 연산을 수행하는 등 성능을 끌어올리기 위해, 여러 개의 GPU를 연결하여 하나의 단일 시스템처럼 작동하도록 구성한 집합체.

주요 표현 확인

approach 접근법, 방법
valuable function 중요한 기능
explore the limits of ~의 한계를 탐색하다
massive 대규모의
hundreds of millions of 수억의

scale 확장하다, 확대되다
over the next decade 앞으로 10년 동안, 향후 10년 동안
systematically reinvent 체계적으로 재설계하다
the unknown 미지의 영역

핵심 패턴 연습

- **see the potential of** ~의 가능성을 보다

  They **saw the potential of** solar energy early on.
  그들은 일찌감치 태양 에너지의 가능성을 알아보았다.

  Her coach **saw the potential of** her skills.
  감독은 그녀의 실력에서 가능성을 보았다.

- **dive deep into** ~에 깊이 파고들다, ~로 깊이 뛰어들다

  The documentary **dives deep into** the lives of marine animals.
  그 다큐멘터리는 해양 동물의 삶을 깊이 있게 다룬다.

  Let's **dive deep into** how this system actually works.
  이 시스템이 실제로 어떻게 작동하는지 깊이 들여다보자.

낭독 훈련

/ 끊어 읽기   ● 강세 넣기

Our decisions after AlexNet / transformed our company. / We saw the potential of deep learning / and believed the approach / could learn other valuable functions. / However, / there were challenges at the time.

How could we explore the limits of deep learning / without having to build these massive GPU clusters? / At the time, / we were a rather small company, / and building these massive GPU clusters / could have cost hundreds of millions of dollars. / However, / no one knew how far / deep learning could scale. / And if we didn't build it, / we'd never know. / Our logic was: / if we don't build it, / they can't come.

So we dove deep / into deep learning, / and over the next decade, / systematically reinvented everything. / We reinvented every computing layer, / starting with the GPU itself. / We invested billions / into the unknown. / Thousands of engineers / worked for a decade on deep learning / —advancing and scaling it / —without really knowing / how far we could really take the technology.

알렉스넷 이후 우리가 내린 결정들은 우리 회사를 완전히 바꿔 놓았습니다. 우리는 딥러닝의 가능성을 보았고, 이 접근 방식이 다른 중요한 기능들도 학습할 수 있을 것이라고 믿었습니다. 하지만 당시에는 여러 도전 과제가 있었습니다.

어떻게 하면 이 거대한 GPU 클러스터들을 구축하지 않고도, 딥러닝의 한계를 실험해 볼 수 있을까요? 그 당시 우리는 그리 큰 회사가 아니었고, 그런 클러스터를 만드는 데는 수백만 달러, 아니 수억 달러가 들 수도 있었습니다. 하지만 딥러닝이 어디까지 확장될 수 있을지는 아무도 알지 못했습니다. 결국 우리가 직접 해 보지 않는 이상, 그 결과는 결코 알 수 없었죠. 우리의 논리는 이랬습니다. "우리가 멈추면, 딥러닝 세상은 오지 않는다."

그래서 우리는 딥러닝의 세계로 깊이 뛰어들었고, 그다음 10년 동안 모든 것을 체계적으로 다시 설계했습니다. 우리는 GPU부터 시작해서, 컴퓨팅의 모든 층위를 다시 만들었습니다. 우리는 미지의 영역에 수십 억 달러를 투자했습니다. 수천 명의 엔지니어들이 10년에 걸쳐 딥러닝을 발전시키고 확장시키는 데 매진했습니다. 우리가 이 기술을 어디까지 가져갈 수 있을지도 정확히 모른 채 말입니다.

SPEECH 6-5 젠슨 황 캘리포니아 공과 대학교 졸업식 축사

In 2016, we announced DGX-1, our first AI supercomputer, and I **delivered** the first one **to** a startup in San Francisco—a startup nobody knew anything about—a group of my friends who were working on artificial intelligence: a company called OpenAI[1].

OpenAI launched ChatGPT, and AI **went mainstream**. During this decade, NVIDIA transformed itself from a graphics company that builds GPUs—as many of you probably first knew us—to an AI company that now builds massive, **data-center-scale supercomputers**.

The fundamental way of doing computing today **has been radically changed**. The computing stack[2] now uses GPUs to process **large language models** that are trained on supercomputers, **rather than CPU**s that process instructions written by programmers. Computers are now **intention-driven rather than** instruction-driven. Tell a computer what you want, and it will **figure out how**. And like humans, AI applications will understand the mission, reason, plan, and **orchestrate a team of large language models** to **perform tasks**.

---
1 OpenAI 오픈AI. 샘 올트먼, 일론 머스크 등이 주도하여 설립한 미국의 AI 연구 기관. 대화형 AI 서비스인 챗지피티(ChatGPT) 등의 소프트웨어를 개발하여 제공하고 있다.
2 computing stack 컴퓨팅 시스템을 구성하는 여러 계층적 요소의 집합.

주요 표현 확인

deliver something to
~을 …에게 전달하다

data-center-scale supercomputer
데이터 센터 규모의 슈퍼컴퓨터

the fundamental way of
~의 근본적인 방식

be radically changed
급격한 변화를 겪다

large language model
대규모 언어 모델(LLM)

CPU
중앙 처리 장치(= Central Processing Unit)

intention-driven
의도 중심의, 의도에 기반한

instruction-driven
명령 중심의, 명령에 기반한

figure out how
~하는 방법을 알아내다

orchestrate a team of
~의 팀을 조직[조정]하다

perform a task 작업을 수행하다

핵심 패턴 연습

- **go mainstream** 대중화되다, 주류가 되다

  After years of slow growth, electric cars finally **went mainstream**.
  몇 년간의 더딘 성장세를 겪은 후에, 마침내 전기차가 대중화되었다.

  Coding education **is going mainstream** in elementary schools.
  초등학교에서 코딩 교육이 보편화되고 있다.

- **rather than** ~보다는, ~ 대신에

  He chose to rest at home **rather than** go out.
  그는 외출하기보다는 집에서 쉬는 것을 선택했다.

  We should make a move **rather than** just sit back and watch.
  그냥 가만히 앉아서 관망하기보다, 조치를 취하는 것이 더 좋을 것 같다.

낭독 훈련

/ 끊어 읽기   ● 강세 넣기

In 2016, / we announced DGX-1, / our first AI supercomputer, / and I delivered the first one / to a startup in San Francisco / —a startup nobody knew anything about / —a group of my friends / who were working on artificial intelligence: / a company called OpenAI.

OpenAI launched ChatGPT, / and AI went mainstream. / During this decade, / NVIDIA transformed itself / from a graphics company that builds GPUs / —as many of you probably first knew us / —to an AI company / that now builds massive, data-center-scale supercomputers.

The fundamental way of doing computing today / has been radically changed. / The computing stack now / uses GPUs to process large language models / that are trained on supercomputers, / rather than CPUs / that process instructions written by programmers. / Computers are now intention-driven / rather than instruction-driven. / Tell a computer what you want, / and it will figure out how. / And like humans, / AI applications / will understand the mission, / reason, / plan, / and orchestrate a team of large language models / to perform tasks.

2016년, 우리는 우리의 최초 AI 슈퍼컴퓨터인 DGX-1을 발표하였고, 저는 그 첫 번째 제품을 샌프란시스코의 한 스타트업에 전달했습니다. 당시에는 아무도 모르는 작은 스타트업이었죠. 인공 지능을 연구하던 제 친구 몇 명이 함께 만든 회사였는데, 그게 바로 오픈AI였습니다.

오픈AI가 챗지피티를 출시하면서, 인공 지능은 대중화되었습니다. 그리고 지난 10년 동안, 엔비디아는 이제 거대한 데이터 센터 규모의 슈퍼컴퓨터를 만드는 AI 기업으로 탈바꿈했습니다. 처음에는 많은 분들이 엔비디아를 그래픽용 GPU를 만드는 회사로 알고 계셨겠지만요.

오늘날 컴퓨팅을 수행하는 방식은 근본적으로 완전히 달라졌습니다. 이제는 프로그래머가 직접 작성한 명령어를 CPU가 처리하는 방식이 아니라, 슈퍼컴퓨터에서 학습된 대규모 언어 모델을 GPU가 처리하는 방식으로 바뀐 것입니다. 이제 컴퓨터는 명령 중심이 아니라 의도 중심으로 작동합니다. 컴퓨터에 무엇을 원하는지 말하면, 어떻게 할지는 컴퓨터 스스로 판단합니다. 그리고 인간처럼, AI 애플리케이션은 목표를 이해하고, 추론하고, 계획을 세우고, 여러 개의 대형 언어 모델을 조율하여 복잡한 작업을 수행할 수 있습니다.

젠슨 황 캘리포니아 공과 대학교 졸업식 축사

There are large industries **producing energy**, like electricity. We now have a large industry producing **something invisible** called software. **The next wave of** AI is robotics[1], where AI, **in addition to** a language model, also has a physical world model. We work with hundreds of companies building robots, robotic vehicles, pick-and-place[2] arms, **humanoid** robots, and even **gigantic warehouses** that are robotic. But our robotics journey **resulted from** a series of setbacks.

With no more markets to **turn to**, we decided to build something where there were no customers, because where there are no customers, there are also no competitors. So we chose **a market with no customers**—a zero-billion-dollar market—and it was robotics.

We built the world's first robotics computer, processing an algorithm nobody understood at the time, called deep learning. Ten years later, I **can't be happier with** what we've built and the opportunity to create **the next wave of** AI. **More importantly**, we developed **agility** and **a culture of resilience**.

---

1 robotics 로보틱스(로봇 공학). 로봇의 설계, 제작, 운영 및 활용에 대해 연구하는 분야.
2 pick-and-place 픽-앤-플레이스. 대상물을 감지하여 선택하고 목표 지점으로 이동시키는 행위를 말하며, 산업용 로봇의 주요 용도 중 하나이다.

주요 표현 확인

produce energy 에너지를 생산하다
something invisible 보이지 않는 것
the next wave of ~의 다음 물결
in addition to ~ 외에도, ~뿐만 아니라
humanoid 휴머노이드(인간형 로봇)
gigantic warehouse 거대한 창고
result from ~에서 비롯되다, ~으로 인해 발생하다

turn to ~로 방향을 바꾸다, ~에 의지하다
a market with no customers 고객이 없는 시장
more importantly 더 중요한 것은, 무엇보다도
agility 민첩성, 기민함

핵심 패턴 연습

- **can't be happier with** ~에 더할 나위 없이 기쁘다

  He **can't be happier with** his life right now.
  그는 지금 그의 인생에서 이보다 더 행복할 수 없다.

  I **can't be happier with** how things are going right now.
  요즘 일이 이렇게 잘 풀리는 게 정말 행복하다.

- **a culture of resilience** 저력을 보여 주는 문화, 회복 탄력성의 문화

  Families that share support and hope create **a culture of resilience** at home.
  서로 지지하고 희망을 나누는 가족은, 어려움 속에서도 다시 일어서는 저력을 갖는 문화를 가정 안에 만든다.

  A culture of resilience helps teams recover quickly from setbacks.
  회복 탄력성의 문화는 팀이 실패를 겪은 후 빠르게 회복하도록 돕는다.

낭독 훈련

/ 끊어 읽기   ● 강세 넣기

There are large industries producing energy, / like electricity. / We now have a large industry / producing something invisible called software. / The next wave of AI / is robotics, / where AI, / in addition to a language model, / also has a physical world model. / We work with hundreds of companies building robots, / robotic vehicles, / pick-and-place arms, / humanoid robots, / and even gigantic warehouses that are robotic. / But our robotics journey / resulted from a series of setbacks.

With no more markets to turn to, / we decided to build something / where there were no customers, / because where there are no customers, / there are also no competitors. / So we chose a market / with no customers / —a zero-billion-dollar market / —and it was robotics.

We built the world's first robotics computer, / processing an algorithm / nobody understood at the time, / called deep learning. / Ten years later, / I can't be happier with what we've built / and the opportunity to create the next wave of AI. / More importantly, / we developed agility / and a culture of resilience.

전기처럼 에너지를 생산하는 거대한 산업이 존재하듯이, 이제는 '소프트웨어'라는 눈에 보이지 않는 것을 만들어 내는 또 다른 거대한 산업이 생겨났습니다. AI의 다음 물결은 로보틱스입니다. 여기에서 AI는 단순한 언어 모델을 넘어서, 물리 세계에 대한 모델까지 갖추게 됩니다. 우리는 수백 개의 기업들과 협력하여 로봇, 자율주행 차량, 픽앤플레이스(pick-and-place) 로봇 팔, 인간형 로봇, 심지어 전체가 로봇으로 운영되는 거대한 물류 창고까지 함께 만들고 있습니다. 하지만 우리의 로보틱스 여정은 수많은 좌절과 실패를 딛고 이루어진 것이었습니다.

더 이상 진출할 시장이 없어진 상황에서, 우리는 고객이 전혀 없는 분야에 도전하기로 결정했습니다. 왜냐하면, 고객이 없는 곳에는 경쟁자도 없으니까요. 그래서 우리는 아직 아무도 시장이라 부르지 않는 영역, 즉 매출이 '제로'인 시장, 바로 '로보틱스'를 선택했습니다.

그렇게 우리는 세계 최초의 로보틱스 컴퓨터를 만들게 되었습니다. 당시에는 아무도 이해하지 못했던 '딥러닝'이라는 알고리즘을 처리하는 컴퓨터였죠. 10년이 지난 지금, 저는 우리가 만들어 낸 성과와 새로운 AI의 물결을 창조해 낼 기회에 더할 나위 없이 큰 기쁨을 느끼고 있습니다. 무엇보다도, 우리는 민첩성과 회복탄력성이라는 문화를 만들어 냈습니다.

SPEECH 6-7 젠슨 황 캘리포니아 공과 대학교 졸업식 축사

One setback after another, we **shook it off** and **skated to the next opportunity**. Each time, we **gained skills** and **strengthened our corporate character**. Our company is really hard to distract and really hard to discourage, and no setback that **comes our way** doesn't look like an opportunity these days.

Ironically, the robotics computer that we've built today doesn't even need graphics—which is why our journey started **in the first place**. So where we are today teaches us something. The world is uncertain, as Richard Feynman[1] would say, and the world can be unfair and **deal** you **a tough hand**. Swiftly, **shake it off**.

Class of 2024, I **can hardly imagine** anyone more **prepared for** the future than you. You **dedicated yourself**, worked hard, and **earned a world-class education** from one of the most **prestigious schools** in the world. I hope you believe in something **unconventional**, something unexplored. Then **dedicate yourself** to making it happen. You may find your GPU, CUDA, or generative AI[2]. Or you may find your NVIDIA.

---

1 Richard Feynman 리처드 파인먼. 양자 역학 연구로 1965년에 노벨 물리학상을 공동 수상한 미국의 물리학자.
2 generative AI 생성형 AI. 기존 데이터를 학습하여 텍스트, 이미지, 기타 미디어를 생성할 수 있는 AI 시스템.

주요 표현 확인

one setback after another
끊임없는 실패, 연이은 좌절

skate to the next opportunity
다음 기회를 향해 미끄러지듯 나아가다

gain skills 기술을 얻다, 기술을 습득하다

strengthen one's corporate character ~의 기업 문화를 강화하다

in the first place 처음에, 원래는

deal someone a tough hand
어려운 환경에 처하게 하다

can hardly imagine
~을 상상하기 어렵다

prepare for ~에 대비하다

dedicate oneself 스스로를 헌신하다

earn a world-class education
세계적인 수준의 교육을 받다

prestigious school
명문 학교, 최고 권위의 교육기관

unconventional
관습에 얽매이지 않은, 틀에서 벗어난

핵심 패턴 연습

- **shake it off** 떨쳐 내다, 잊어버리다

    Don't worry about the mistake—just **shake it off** and try again.
    이미 한 실수에 대해 걱정하지 말고, 그냥 떨쳐 내고 다시 해 봐라.

    You just have to **shake it off** and move on.
    그냥 잊어버리고, 앞으로 나아가야 한다.

- **come one's way** [일이] ~에게 닥치다, ~에게 생기다

    Take every opportunity that **comes your way**.
    네게 오는 모든 기회를 놓치지 마라.

    She took on every challenge that **came her way**.
    그녀는 그녀에게 닥친 모든 난관에 정면으로 대응했다.

낭독 훈련

/ 끊어 읽기   ● 강세 넣기

One setback after another, / we shook it off / and skated to the next opportunity. / Each time, / we gained skills / and strengthened our corporate character. / Our company is really hard to distract / and really hard to discourage, / and no setback that comes our way / doesn't look like an opportunity these days.

Ironically, / the robotics computer that we've built today / doesn't even need graphics / —which is why our journey started / in the first place. / So where we are today / teaches us something. / The world is uncertain, / as Richard Feynman would say, / and the world can be unfair / and deal you a tough hand. / Swiftly, / shake it off.

Class of 2024, / I can hardly imagine anyone / more prepared for the future than you. / You dedicated yourself, / worked hard, / and earned a world-class education / from one of the most prestigious schools / in the world. / I hope you believe in something unconventional, / something unexplored. / Then dedicate yourself / to making it happen. / You may find your GPU, / CUDA, / or generative AI. / Or you may find your NVIDIA.

수많은 실패와 좌절을 겪으면서도, 우리는 이를 훌훌 털고 다음 기회를 향해 달려갔습니다. 그리고 그럴 때마다, 우리는 새로운 기술을 익혔고, 회사의 근성도 더욱 강해졌습니다. 우리 회사는 웬만해서는 흔들리거나, 쉽게 낙담하지 않습니다. 요즘은 어떤 실패가 찾아와도 오히려 또 다른 기회로 보일 정도입니다.

아이러니하게도, 지금 우리가 만드는 로보틱스 컴퓨터는 더 이상 그래픽조차 필요로 하지 않습니다. 애초에 우리의 여정은 그래픽 기술 때문에 시작된 거였는데 말이죠. 그래서 오늘 우리가 이 자리에 있다는 사실은 우리에게 어떠한 교훈을 줍니다. 리처드 파인먼이 말했듯이 세상은 불확실하고, 때로는 불공평할 수 있으며, 여러분에게 시련을 안겨 줄 수도 있습니다. 하지만 그 시련을 빠르게 훌훌 털어내 버리세요.

2024년 졸업생 여러분, 저는 여러분보다 더 미래를 잘 준비한 사람들을 상상하기 어렵습니다. 여러분은 스스로를 헌신했고, 열심히 노력했으며, 세계 최고의 학교 중 한 곳에서 세계적인 수준의 교육을 받았습니다. 저는 여러분이 관습에 얽매이지 않은 무언가, 아직 아무도 탐험해 보지 않은 무언가를 믿기를 바랍니다. 그리고 그 무언가를 실현시키기 위해 자신을 바치길 바랍니다. 여러분은 어쩌면 여러분만의 GPU를 찾을 수도 있고, 여러분만의 쿠다, 또는 생성형 AI를 찾을 수도 있습니다. 어쩌면, 여러분만의 엔비디아를 찾게 될 수도 있고요.

젠슨 황 캘리포니아 공과 대학교 졸업식 축사

I hope you will see setbacks as new opportunities. Your pain and suffering will strengthen your character, your resilience, and agility—they are the **ultimate superpowers**. Of all of the things that I value most about my abilities, intelligence is not **at the top of that list**. My ability to **endure pain and suffering**, my ability to work on something **for a** very, very **long period of time**, and my ability to **handle setbacks** and see the opportunity **just around the corner**—I consider them my superpowers, and I hope they're yours.

I also hope you find a craft that you want to **dedicate your lifetime to** perfecting—to **honing the skills**—and let it be your **life's work**.

And then lastly, **prioritize your life**. There are so many things going on, so many things to do. But **prioritize your life**, and you will **have plenty of time to** do the important things. Congratulations.

주요 표현 확인

ultimate superpower
최고의 능력, 궁극적인 힘

at the top of the list
최상단에 있는, 가장 중요한

endure pain and suffering
고통과 고난을 견디다

for a long period of time
오랜 시간 동안

dedicate one's lifetime to
~의 평생을 …에 바치다

hone the skills 기술을 갈고닦다

life's work 평생의 일, 소명

prioritize one's life
삶의 우선순위를 정하다

have plenty of time to
~할 충분한 시간이 주어지다

핵심 패턴 연습

- **handle a setback** 실패에 대처하다

    He failed the exam, but he **handled the setback** and studied harder.
    그는 시험에 떨어졌지만 좌절을 극복하고 더 열심히 공부했다.

    Learning to **handle setbacks** makes you stronger for the future.
    실패에 대처하는 방법을 배우면 미래에 더 강해진다.

- **just around the corner** 바로 눈앞에 있는, 곧 다가오는

    The holidays are **just around the corner**.
    이제 곧 연휴가 다가온다.

    There's a convenience store **just around the corner**.
    바로 근처에 편의점이 있다.

낭독 훈련

/ 끊어 읽기   ● 강세 넣기

I hope you will see setbacks / as new opportunities. / Your pain and suffering / will strengthen your character, / your resilience, / and agility / —they are the ultimate superpowers. / Of all of the things that I value most / about my abilities, / intelligence is not at the top of that list. / My ability to endure pain and suffering, / my ability to work on something / for a very, very long period of time, / and my ability to handle setbacks / and see the opportunity / just around the corner / —I consider them my superpowers, / and I hope they're yours.

I also hope you find a craft / that you want to dedicate your lifetime / to perfecting / —to honing the skills / —and let it be your life's work.

And then lastly, / prioritize your life. / There are so many things going on, / so many things to do. / But prioritize your life, / and you will have plenty of time / to do the important things. / Congratulations.

저는 여러분이 시련을 새로운 기회로 바라보길 바랍니다. 여러분이 겪는 고통과 고난은 여러분의 인격, 회복탄력성, 그리고 민첩성을 더욱 강하게 키워 줄 겁니다. 그리고 그것들이 궁극적으로는 여러분의 '슈퍼파워'가 될 겁니다. 제가 저의 능력 중 가장 가치 있게 여기는 것들을 모두 떠올려 보면, 가장 중요한 것은 지능이 아닙니다. 고통과 시련을 견디는 능력, 아주 오랜 시간 동안 한 가지 일에 몰두할 수 있는 능력, 그리고 역경에 대처하고 그 뒤에 숨어 있는 기회를 발견하는 능력. 저는 이 세 가지가 저만의 슈퍼파워라고 생각합니다. 그리고 여러분도 이 슈퍼파워를 갖게 되기를 바랍니다.

또한, 저는 여러분이 평생을 바쳐 완성해 나가고 싶은 분야를 찾기를, 그 일에 필요한 기술을 갈고닦으며, 그것이 여러분의 인생 사명이 되기를 바랍니다.

그리고 마지막으로, 여러분 삶의 우선순위를 정하세요. 세상에는 너무나 많은 일들이 일어나고 있고, 해야 할 일도 많습니다. 하지만 삶의 우선순위를 정하면, 중요한 일들을 할 충분한 시간을 확보할 수 있을 겁니다. 졸업을 축하합니다.

연설문 요약

저는 수많은 실패를 겪은 사람입니다. 그래도 저는 끝까지 포기하지 않았고, 그 덕분에 **그래픽 칩 회사였던 엔비디아를 AI 시대의 중심에 세울 수 있었어요.**

우리는 한때 고객도, 수요도 없는 '제로 달러 시장'에서 시작했습니다. 아무도 원하지 않던 로봇용 컴퓨터를 만들었죠. 왜냐고요? **고객과 경쟁자가 없다는 건 기회가 있다는 뜻**이니까요. 그 선택은 결국 **AI 시대를 여는 열쇠**가 되었어요.

그리고 저는 깨달았어요. **진짜 슈퍼파워는 '지능'이 아니라, 고통을 견디고, 오래 집중하고, 다시 일어서는 힘**이라는 것을요.

AI는 빠르게 발전하고 있고, 세상은 매일 바뀌고 있어요. 여러분도 언젠가 **여러분만의 엔비디아를 만들 수 있어요.** 지금은 아직 아무도 믿지 않는 그 무언가를 말이에요.

두려워하지 마세요. 실패는 기회의 또 다른 모습이고, 상처는 성장의 증거입니다. 완전히 자신의 것으로 만들고 싶은 여러분만의 일을 찾고, 오랫동안 몰입하세요. 그리고 항상 정말 중요한 것에 시간을 쓰세요.

I've failed many times. But I never gave up—and because of that, **I helped turn NVIDIA from a graphics company into a leader in AI.**

We once entered a zero-dollar market—a space with no customers and no demand. We built a robot computer when nobody cared. Why? Because **no customers means no competitors—and that means opportunity.** That crazy risk **opened the door to the AI revolution.**

And I realized something important: **Real superpowers aren't intelligence—they're endurance, perseverance, and the ability to get back up.**

AI is growing fast. The world is changing quickly. One day, **you may find your own NVIDIA**—something no one believes in yet.

Don't be afraid. Failure is just opportunity in disguise. Pain builds strength. Find the work you want to master. Stick with it. And always spend your time on what truly matters.

주제 토론

1 젠슨 황은 30년 이상 한 회사를 이끌어 오면서도 지루해하거나 포기하지 않았다고 합니다. 여러분도 오랜 시간 지속해 온 습관이나 취미가 있나요? 그 일이 지겹거나 힘들어질 때, 어떻게 다시 힘을 내거나 재미를 찾았나요?

Jensen Huang has led the same company for over 30 years without getting bored or giving up. Is there a routine or hobby you've stuck with for a long time? When it starts to feel boring or tough, what helps you stay motivated or make it fun again?

2 젠슨 황은 아무도 시도하지 않은 새로운 분야에 도전하여 큰 성공을 거두었습니다. 가령 친구들이 핸드폰 게임처럼 모두 똑같은 것에 빠져 있을 때, 여러분은 전혀 다른 분야를 파고들어 실력을 쌓은 경험이 있나요? 그 분야는 무엇이었고, 여러분만의 특별한 것을 할 때 기분이 어땠나요?

Jensen Huang once chose to explore a field that no one else had tried before, and it led to great success. Have you ever focused on something different and built your skills while your friends were all into the same thing, like games? What was it, and how did it feel to be doing something unique?

·· 주제 토론 **2** 예시 답변 ··

친구들이 게임을 할 때, 저는 종이접기를 시작한 적이 있어요. 처음에는 어려웠지만 계속 연습하다 보니 복잡한 용이나 꽃도 접을 수 있게 되었고, 나중에는 친구들에게도 가르쳐 주면서 종이접기가 더 재미있어졌어요!

그리고 또, 다른 친구들이 유튜브를 볼 때, 저는 요리를 해 봤어요. 처음에는 달걀도 잘 못 깼지만, 계속 하다 보니 간단한 요리는 혼자서도 할 수 있게 되었어요. 가족들이 제가 만든 음식을 맛있다고 해 주니 기분이 좋아서 더 열심히 하게 되었어요!

낭독하는 명연설문 BOOK·4

1판 1쇄 2025년 12월 15일

지은이 이현석 새벽달(남수진) 롱테일 교육 연구소
편집 백지연 김지혜 홍하늘
디자인 오현정
마케팅 두잉글 사업본부

펴낸이 이수영
펴낸곳 롱테일북스
출판등록 제2015-000191호
주소 04033 서울특별시 마포구 양화로 113, 3층(서교동, 순흥빌딩)
전자메일 team@ltinc.net

이 도서는 대한민국에서 제작되었습니다.
롱테일북스는 롱테일㈜의 출판 브랜드입니다.

ISBN 979-11-93992-52-4 13740